Pubblicato per

da Mondadori Libri S.p.A.
Proprietà letteraria riservata
© 2016 Rizzoli Libri S.p.A. / Rizzoli
© 2018 Mondadori Libri S.p.A., Milano

ISBN 978-88-17-09979-0

Prima edizione Rizzoli: settembre 2016
Prima edizione BUR: marzo 2018

Art Director: Francesca Leoneschi
Progetto grafico: Giovanna Ferraris / *the*World*of*DOT
Impaginazione: Paola Polastri
Stylist: Emanuela Suma
Truccatrice: Francesca La Torre
Parrucchiera: Lorella Marchetti
Chef di produzione: Giacomo Paulato e Lorenzo Boni
Per la foto in copertina, set designer & props stylist Ernesto Mameli

Per gli abiti si ringraziano: Ki6, Marella, Pinko, Luisa Beccaria, costumi Calzedonia;
per le scarpe: Alberto Bressan, Luciano Padovan, Le Silla.
Si ringraziano anche: Baci Milano, Bitossi Home, Corrado Corradi, Gruppo Stefanelli, Ivv Shop, Le Creuset,
Linea Sette Ceramiche, Littala, Livellara, Pagnossin, Ramponi, Seletti, Villeroy e Boch, Wald e il ristorante Oasi Beach Marana.

Seguici su:

Twitter: @BUR_Rizzoli        www.bur.eu        Facebook: /RizzoliLibri

BENEDETTA PARODI

# *Benedetta*
# TUTTO
# L'ANNO

## 170 NUOVE RICETTE FACILI
## E SORPRENDENTI
## PER QUATTRO STAGIONI DI BONTÀ

BUR
Rizzoli

Bene

MOM'S DINER

Open 24 Hours

*A Laura e Giancarlo,*
*la mia seconda famiglia*

# SOMMARIO

# INTRODUZIONE

Sfogliando questo libro intraprenderemo insieme un viaggio pieno di ricette semplici e golose che dall'autunno ci porteranno dritto fino all'estate. Le nostre tappe saranno proprio le quattro stagioni. A settembre, quando dopo le ferie si torna alla routine quotidiana, riappaiono timidamente sulle nostre tavole le minestre e i piatti caldi, d'inverno ci si sbizzarrisce con arrosti e primi saporiti, in primavera siamo tutti a dieta (o almeno ci proviamo...) e poi d'estate tutto è goloso, fresco e invitante perché siamo in vacanza.

Faremo anche quattro tappe speciali – Halloween, Natale, Pasqua e Ferragosto – con quattro capitoli pieni di foto, ricette e pagine di diario in cui vi racconterò come ho trascorso le feste a casa mia.

Siete pronti a partire?

*Benedetta*

# AU

BENEDETTA

# TUN

*tutto* L'ANNO

# NO

# HALLOWEEN

## CARO DIARIO,

dolcetto o scherzetto? Ci siamo, è arrivata la notte più impegnativa dell'anno, quella di Halloween. Non so se mi diverto più io o i miei figli, in ogni caso lavoriamo tutti moltissimo per rendere questa sera davvero speciale. Quest'anno ho deciso di comprare non una, ma 2 zucche, in modo che sia Eleonora sia Diego potessero intagliare il loro capolavoro. A Matilde invece ho lasciato l'allestimento della casa con ragnatele e scheletri. I ragazzi non vedono l'ora di uscire mascherati in maniera spaventosa e di bussare a tutte le porte del quartiere. Chi non regala dolcetti si troverà l'uscio di casa avvolto di carta igienica! An-

che quest'anno, finito il giro dei dolci, i ragazzi sono tornati a casa con i loro amici per cenare e trascorrere la notte davanti a film dell'orrore sgranocchiando il bottino conquistato durante il tour in maschera. Il pigiama party è d'obbligo ad Halloween e io non mi tiro mai indietro, anzi: il mio divertimento è cucinare le cose più buone e mostruose: la zuppa con i bulbi oculari, le dita di strega, i biscottini vudù... La mia più grande aiutante e fonte di idee è senz'altro Eleonora!

# BISCOTTI VUDÙ

Portata: *dolce*
Tempo di preparazione:
*30 minuti + il raffreddamento*

*Ingredienti per 4 persone*
- *1 rotolo di pasta frolla*
*pronta oppure:*

*Per la pasta frolla:*
- *250 g di farina*
- *½ cucchiaino di lievito*
  *per dolci*
- *125 g di zucchero*
- *125 g di burro*
- *1 uovo*
- *sale*

*Per la glassa e le decorazioni:*
- *100 g di cioccolato fondente*
- *caramelline morbide qb*
- *stuzzicadenti qb*

Stendere la pasta frolla già pronta, oppure procedere in questo modo per prepararla: unire in una ciotola la farina, un pizzico di sale, il lievito, lo zucchero e il burro freddo tagliato a pezzettini. Impastare con le mani fino a ottenere un composto sbricioloso. A questo punto aggiungere l'uovo e impastare ancora velocemente fino a ottenere il panetto di frolla liscio e omogeneo. Questa operazione si può anche fare dentro un mixer o una planetaria invece che a mano, seguendo lo stesso procedimento. Lasciare raffreddare il panetto per mezz'ora in frigo, avvolto nella pellicola per alimenti, ma se non c'è tempo si può saltare questo passaggio.

Stendere la frolla con il mattarello. Io metto sempre la carta forno sotto e mi aiuto con abbondante farina. Non stenderla troppo sottile, altrimenti sarà difficile confezionare gli omini. Utilizzando le formine, ritagliare i biscotti e metterli sulla placca foderata di carta forno.

Cuocere in forno a 180 °C per circa 10-12 minuti. Fare raffreddare.

Nel frattempo scaldare nel microonde il cioccolato fino a che non diventa morbido, oppure scioglierlo sul fuoco a bagnomaria senza aggiungere acqua o latte. Usare uno stecchino come pennello o una piccola tasca da pasticceria e decorare i biscotti disegnando la forma degli omini e dei fantasmi. Piantare infine gli stuzzicadenti nel cuore dei biscottini!

# VELLUTATA DI ZUCCA

Portata: *primo*
Tempo di preparazione:
*1 ora*

Ingredienti per 4 persone
- *400 g di polpa di zucca*
- *3 carote*
- *1 cipolla*
- *2 coste di sedano*
- *50 ml di latte*
- *mozzarelline qb*
- *olive farcite di peperone qb*
- *sale e pepe*

In un tegame raccogliere la zucca a pezzetti con le carote pulite e tagliate a tocchi, la cipolla sbucciata e tagliata a spicchi e il sedano tagliato a pezzi. Coprire con acqua a filo, salare e cuocere per circa mezz'ora. Quando tutte le verdure sono morbide, controllare che la zuppa non sia troppo acquosa. In quel caso togliere un mestolo di brodo. Frullare con il frullatore a immersione e poi aggiungere il latte e aggiustare di sale e pepe.
Incidere a croce le mozzarelline, inserire mezza oliva in modo da creare l'occhio e poi servire la zuppa con gli occhi!

HALLOWEEN

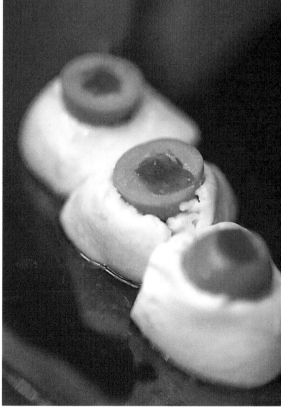

# PUMPKIN MUFFIN

*Portata: dolce*
*Tempo di preparazione:*
*1 ora + il raffreddamento*

*Ingredienti per 6 persone*
- *200 g di polpa di zucca*
- *½ bicchiere di latte*
- *cannella in polvere qb*
- *2 uova*
- *160 g di zucchero di canna*
- *200 g di farina semintegrale*
- *20 g di fecola di patate*
- *1 bustina di vanillina*
  *(oppure i semi di una bacca)*
- *1 bustina di lievito per dolci*
- *1 mela*

*Per la glassa:*
- *2 cucchiai di succo di limone*
- *140 g di zucchero a velo*
- *qualche goccia di colorante*
  *alimentare viola*

Cuocere la zucca a pezzi nel forno a 180 °C per 20 minuti circa, su una placca foderata di carta forno (se rischia di bruciare in superficie, coprire con la stagnola). Quando risulta morbida, togliere dal forno e frullare nel vaso del mixer con il latte e un pizzico di cannella.

In una ciotola, sbattere le uova con lo zucchero quindi aggiungere il composto di zucca e in ultimo la farina e la fecola con la vanillina e il lievito.

Sbucciare e tagliare la mela a tocchetti, infarinarla leggermente e poi aggiungerla all'impasto.

Versarlo nei pirottini di carta inseriti nello stampo da muffin, riempiendoli per tre quarti. Cuocere a 180 °C per 20-30 minuti.

Intanto mescolare poco alla volta il succo di limone con lo zucchero a velo fino a ottenere una glassa della consistenza giusta. Colorarla con qualche goccia di colorante viola e guarnire i muffin dopo averli lasciati raffreddare.

# DITA DI STREGA
# MORBIDE MORBIDE

Portata: *dolce*
Tempo di preparazione:
*15 minuti*

Ingredienti per 2 persone
- 1 fetta di pane da tramezzini
  senza crosta
- marmellata di fragole qb
- mandorle intere qb

Assottigliare con il mattarello la fetta di pane, spalmarla di marmellata e fare dei rotolini abbastanza stretti che abbiano il diametro di un dito, appunto. Basterà una fetta di 8-10 cm di pane per confezionare almeno 5-6 dita. Aiutandosi con una piccola incisione fatta con un coltellino, infilare a un'estremità di ogni dito una mandorla intera a mo' di unghia. Sempre con il coltellino praticare dei taglietti lungo il dito per creare le nocche. Sistemare le dita su un piatto e sporcare l'altra estremità con abbondante marmellata di fragole.

HALLOWEEN

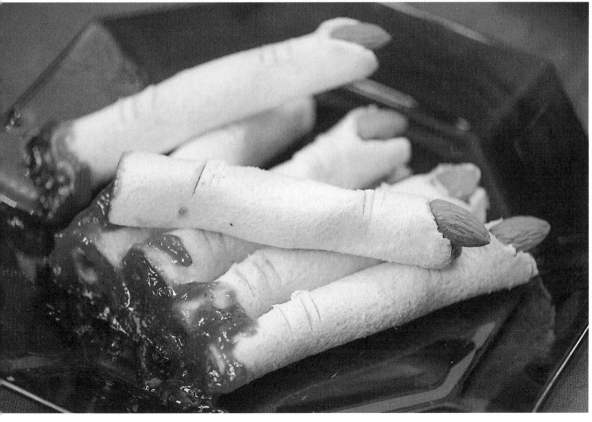

# BISCOTTINI ALLA ZUCCA

Portata: *dolce*
Tempo di preparazione:
*1 ora + il raffreddamento*

*Ingredienti per 6 persone*
- *100 g di polpa di zucca*
- *100 ml di olio di semi*
- *60 ml di succo di mela*
- *200 g di farina*
- *1 cucchiaino di lievito*
  *per dolci*
- *80 g di zucchero di canna*
- *cannella in polvere qb*
- *gocce di cioccolato qb*
- *sale*

Mettere la zucca a pezzi in forno su una placca foderata di carta forno e farli cuocere a 180 °C per circa 20–25 minuti, fino a che non sono morbidi. Lasciare intiepidire. Unire nel vaso del mixer o in una ciotola la zucca, l'olio, il succo di mela e frullare. In un'altra ciotola mescolare insieme farina, lievito, zucchero, un pizzico di cannella e di sale. Unire la crema di zucca e mescolare fino a ottenere un impasto omogeneo.
Con le mani inumidite formare delle palline e sistemarle sulla placca del forno, schiacciandole bene per dare loro la forma dei biscotti. Guarnirli con le gocce di cioccolato in modo da formare le faccine. Cuocere in forno per circa 10–15 minuti a 180 °C.

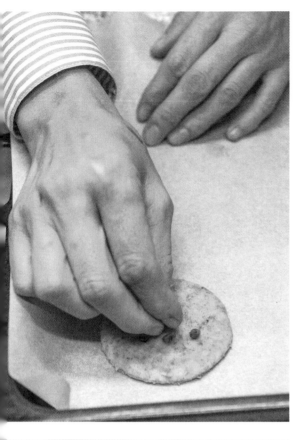

## BISCOTTI AL CIOCCOLATO CON FACCINE

Portata: *dolce*
Tempo di preparazione:
*40 minuti + il raffreddamento*

Ingredienti per 6 persone
- *225 g di farina*
- *½ cucchiaino di lievito per dolci*
- *125 g di zucchero*
- *25 g di cacao amaro*
- *125 g di burro*
- *1 uovo*
- *sale*

Per la glassa:
- *100 g di zucchero a velo*

Riunire in una ciotola la farina, un pizzico di sale, il lievito, lo zucchero, il cacao e il burro freddo tagliato a pezzettini. Impastare con le mani fino a ottenere un composto sbricioloso. A questo punto aggiungere l'uovo e impastare ancora velocemente fino a ottenere un panetto di frolla liscio e omogeneo. Questa operazione si può anche fare dentro un mixer o una planetaria invece che a mano, seguendo lo stesso procedimento. Lasciare raffreddare il panetto per mezz'ora in frigo, avvolto nella pellicola per alimenti, ma se non c'è tempo si può saltare il passaggio.

Stendere la frolla con il mattarello. Io metto sempre la carta forno sotto e mi aiuto con abbondante farina. Non stenderla troppo sottile, altrimenti sarà difficile confezionare i biscotti. Utilizzando le formine, ritagliare i biscotti e metterli sulla placca foderata di carta forno.

Cuocere in forno a 180 °C per circa 10-12 minuti. Fare raffreddare.

Per la glassa, mescolare lo zucchero a velo con circa 2 cucchiai di acqua in modo da creare una glassa morbida e liscia. Decorare i biscotti creando le faccine aiutandosi con uno stecchino come se fosse un pennello o con una siringa da pasticciere.

# PIZZETTE FRITTE CON MOUSSE DI MORTADELLA

Portata: *antipasto*
Tempo di preparazione:
*1 ora*

*Ingredienti per 4 persone*
- *150 g di mortadella*
- *100 g di robiola*
- *2-3 cucchiai di panna fresca*
- *granella di pistacchi qb*
- *800 g di pasta per pizza già pronta*
- *farina qb*
- *olio per friggere*
- *sale*

**Invece di mettere la pizza in forno... si può friggerla!**

Tagliare a pezzetti la mortadella e tritarla nel mixer con la robiola e qualche cucchiaiata di panna in modo da renderla più morbida e cremosa: deve avere la consistenza di un pâté. Completare con la granella di pistacchi.
Far lievitare la pasta per la pizza per almeno 40 minuti. Scaldare un pentolino con abbondante olio. Staccare dei pezzi di impasto e modellare delle palline grandi come una noce. Infarinarle e friggerle.
Salare le pizzette e servirle con la mousse di mortadella.

# SPEZZATINO

Portata: *secondo*
Tempo di preparazione:
*1 ora e 50 minuti*

*Ingredienti per 6 persone*
- *1 cipolla*
- *1 costa di sedano*
- *1 carota*
- *1 spicchio di aglio*
- *1,2 kg di polpa o girello di manzo (o pesce tagliato a cubotti)*
- *1 foglia di alloro*
- *2 cucchiai di farina*
- *500 ml di passata di pomodoro*
- *200 g di piselli surgelati*
- *olio extravergine*
- *sale*

**Il segreto per uno spezzatino che si scioglie in bocca è mettere tutto in pentola a freddo.**

Tritare la cipolla, il sedano e la carota. Si possono mettere nel mixer per fare prima.

In un tegame molto capiente mettere a freddo le verdure, lo spicchio di aglio intero, la carne, l'alloro, un cucchiaio di olio, il sale e la farina. Mescolare tutti gli ingredienti per far assorbire la farina. Aggiungere la passata di pomodoro e un litro di acqua, mescolare ancora e accendere il fuoco mantenendo la fiamma dolce. Lasciare cuocere per circa un'ora, poi aggiungere i piselli e proseguire la cottura per 30-40 minuti. Se il sugo dovesse restringersi troppo, aggiungere altra acqua. Si capisce che lo spezzatino è pronto quando, premendo con una forchetta, la carne è bella morbida e cedevole.

# RISOTTO AL TALEGGIO
# E AGRUMI

Portata: *primo*
Tempo di preparazione:
*25 minuti*

Ingredienti per 4 persone
- 1 scalogno
- 350 g di riso
- 1 bicchiere di vino bianco
- il succo di 1 arancia
- il succo di ½ limone
- brodo vegetale qb
- olio extravergine
- sale

Per la gremolada al timo:
- 4 fette di pane in cassetta
- burro qb
- 1 rametto di timo
- la scorza di 1 arancia
  non trattata
- la scorza di 1 limone
  non trattato

Per mantecare:
- 150 g di taleggio

**Il sapore ricco del taleggio, alleggerito dall'acido degli agrumi, è davvero eccezionale. Se amate i risotti dovete assolutamente provarlo!**

Per la gremolada al timo: tritare il pane grossolanamente e tostarlo in padella con il burro, il timo e le scorze di arancia e limone grattugiate fino a che non si ottiene un crumble croccante e profumato.

Spremere arancia e limone e tenere da parte il succo.

Affettare sottilmente lo scalogno, rosolarlo in un tegame con l'olio, aggiungere il riso e farlo tostare. Sfumare con il vino e poi con il succo degli agrumi. Salare e portare a cottura il risotto con il brodo.

Mantecare il risotto con il taleggio e servire ogni porzione con una manciata di gremolada.

N.B. La gremolada (o gremolata, si può dire in entrambi i modi) è un condimento composto da un trito di prezzemolo, aglio e scorza di limone (viene usato tradizionalmente per insaporire l'ossobuco alla milanese). Nella ricetta ho scritto "Per la gremolada al timo", visto che è una variante della salsa tradizionale (timo al posto del prezzemolo, niente aglio e aggiunta di scorza di arancia).

# PUMPKIN SPICE LATTE
# E FIORI DI PERA

Portata: *dolce*
Tempo di preparazione:
*45 minuti*

*Ingredienti per 4 persone*
*Per il pumpkin spice latte:*
- *240 g di polpa di zucca*
- *800 ml di latte*
- *8 cucchiai di zucchero di canna*
- *noce moscata qb*
- *cannella in polvere qb*
- *4 cucchiaini di caffè*
- *panna montata qb*
- *pepe*

*Per i fiori di pera:*
- *1 pera*
- *burro qb*
- *2 cucchiai di zucchero di canna*
- *1 rotolo di pasta sfoglia*
- *Nutella qb*
- *zucchero a velo qb*

Le mie figlie impazziscono per Starbucks, una famosa catena di caffetterie che si trova praticamente ovunque tranne che in Italia. Questa squisita ricetta del latte e caffè aromatizzato alla zucca l'abbiamo assaggiata a Londra per Halloween e l'abbiamo immediatamente esportata! È perfetto da gustare con i fiori di pera, che sono buonissimi anche... con la mela!

Per il pumpkin spice latte: tagliare a dadini la zucca e cuocerla in padella, coperta con acqua a filo, fino a che non si è ammorbidita (ci vorranno circa 10-15 minuti). Scaldare il latte con lo zucchero di canna, la noce moscata, la cannella e un pizzico di pepe. Scolare la zucca dall'acqua, metterla nel latte caldo aromatizzato e frullare, unendo anche il caffè. Servire il latte nelle tazze aggiungendo la panna montata e una spolverizzata di cannella.

Per i fiori di pera: tagliare la pera a fettine sottili e saltarle in padella con il burro e lo zucchero di canna per poco tempo: non devono disfarsi ma soltanto ammorbidirsi. Ritagliare delle strisce di sfoglia larghe circa 3 dita e farcirle con la Nutella. Disporre le fettine di pera leggermente sovrapposte sulla sfoglia in modo che debordino un po', arrotolarla, formando dei boccioli di fiore, e metterli negli stampi da muffin, precedentemente imburrati. Cuocere in forno a 200 °C per circa 10 minuti. Completare con una spolverizzata di zucchero a velo.

# CHEESECAKE
# AL BICCHIERE

Portata: *dolce*
Tempo di preparazione:
*15 minuti*

*Ingredienti per 2 persone*
*(per un barattolo da ½ litro)*
- *1 cestino di lamponi*
- *1 cucchiaio di zucchero*
- *150 g di yogurt greco*
- *2 cucchiai rasi di miele*
- *100 g di mascarpone*
- *50 g di cioccolato fondente*
  *a scaglie*
- *5 biscotti farciti al cacao*
  *(tipo Oreo)*

**Ecco il dolce perfetto se avete bisogno di un dessert all'ultimo momento: si prepara davvero in un lampo! Questo vasetto andrà bene per 2 persone.**

Fare cuocere i lamponi in padella con lo zucchero e un cucchiaio di acqua finché non prenderanno la consistenza di una marmellata. Basteranno pochi minuti. Trasferire la salsa ottenuta in una ciotola per farla raffreddare e poi frullarla con il frullatore a immersione.
In un'altra ciotola mescolare lo yogurt con il miele e il mascarpone dosando gli ingredienti a seconda del gusto. Unire in ultimo le scaglie di cioccolato.
Servire il cheesecake nel barattolo, alternando i biscotti sbriciolati, la crema al mascarpone e la marmellata di lamponi.

# RIGATONI CON MONTATA DI POMODORI

Portata: *primo*
Tempo di preparazione:
*15 minuti*

*Ingredienti per 4 persone*
- *1 lattina di pomodori pelati*
- *15-20 foglie di basilico
  + qb per guarnire*
- *75 ml circa di olio
  extravergine*
- *350 g di rigatoni*
- *70 g di parmigiano
  grattugiato*
- *100 g di stracciatella*
- *sale*

**Questo sugo goloso e facilissimo mi ricorda la mia festa di compleanno, l'estate scorsa in Sardegna. Ma in realtà è buono tutto l'anno! In autunno usate i pelati, in estate i pomodori freschi.**

Nel bicchiere del frullatore a immersione mettere i pelati con il basilico e il sale. Frullare e aggiungere l'olio a filo, sempre frullando, come fosse una maionese, in modo che la salsa di pomodoro monti e diventi vellutata e leggera. Lessare i rigatoni. Scolare la pasta e condirla in una ciotola con la salsa ottenuta e il parmigiano. Servire su ogni piatto di pasta una cucchiaiata di stracciatella e guarnire con foglioline di basilico.

# TORTA DI MELE

Portata: *dolce*
Tempo di preparazione:
*55 minuti*

*Ingredienti per 6 persone*
- *4 uova*
- *200 g di zucchero*
- *200 g di burro*
- *1 bustina di vanillina*
  *(oppure i semi*
  *di 1 bacca di vaniglia)*
- *la scorza di 1 limone*
  *non trattato*
- *200 g di farina*
- *1 bustina di lievito per dolci*
- *3 mele golden*
- *zucchero di canna qb*

**Nessun dolce eguaglia una buona torta di mele!**

Sbattere le uova con lo zucchero e il burro morbido fino a che non diventa un composto bianco e spumoso. Unire la vanillina o la vaniglia, la scorza di limone grattugiata, la farina e il lievito e amalgamare bene gli ingredienti. Imburrare e infarinare una tortiera oppure foderarla con la carta forno, quindi versare il composto. Sbucciare le mele, tagliarle a spicchi e poi a fettine sottili. Infilare le fettine nell'impasto facendole sprofondare. Farcire in questo modo tutta la torta e spolverizzare con un cucchiaio di zucchero di canna. Cuocere in forno a 180 °C per circa 40 minuti.

# INSALATA DI PERE, NOCI E GORGONZOLA

Portata: *contorno*
Tempo di preparazione:
*20 minuti*

*Ingredienti per 2 persone*
- *100 g di noci*
- *2 cucchiai di miele*
- *100 g di spinaci freschi*
- *2-3 pere*
- *100 g di gorgonzola*
- *olio extravergine*

*Per i cestini di parmigiano:*
- *4 cucchiai di parmigiano grattugiato*
- *olio extravergine*

*Per completare:*
- *il succo di 1 limone*
- *olio extravergine*
- *sale*

**Questa è un'insalata degna di un ristorante a tre stelle! Se volete, potete preparare i cestini di parmigiano anche al microonde.**

Mettere sul fuoco una padellina antiaderente con le noci, un filo di olio e il miele. Lasciare cuocere mescolando delicatamente fino a che il miele non è caramellizzato e si è attaccato alle noci. Spegnere il fuoco e tenere le noci caramellate da parte. Una volta raffreddate, mescolarle con gli spinaci, le pere tagliate a cubetti e il gorgonzola a pezzetti.

Per i cestini di parmigiano: lavare la padellina delle noci e rimetterla sul fuoco con pochissimo olio. Quando è calda, distribuire 2 cucchiai di parmigiano uniformemente e aspettare che si sciolga e incominci ad abbrustolire. A quel punto con l'aiuto di una spatola staccarlo dalla padella e stenderlo su una ciotola rovesciata, affinché raffreddandosi ne prenda la forma. Ripetere per fare il secondo cestino.

Condire l'insalata con l'emulsione di olio, limone e sale. Servirla nel cestino di parmigiano.

# PESCE FINTO

Portata: *antipasto*
Tempo di preparazione:
*20 minuti*

*Ingredienti per 2 persone*
- *1 patata grande*
- *1 cucchiaio di capperi*
- *100 g di tonno sott'olio sgocciolato*
- *3 cucchiai di formaggio spalmabile*
- *cetriolini sott'aceto qb*
- *1 pomodorino*

**Il pesce finto è un classico della mia famiglia e la decorazione è sempre compito dei bambini!**

Lessare la patata e schiacciarla con lo schiacciapatate. Tritare i capperi. Mescolare in una ciotola la patata schiacciata con il tonno e i capperi tritati. Aggiungere il formaggio e amalgamare gli ingredienti fino a ottenere un composto liscio e omogeneo.
Su un piatto piano o un vassoio dare all'impasto la forma di un pesce aiutandosi con il dorso di un cucchiaio. Usare i cetriolini affettati per comporre le squame del pesce e un pomodorino per l'occhio.

# PIADINA

Portata: *piatto unico*
Tempo di preparazione:
*20 minuti*

Ingredienti per 4 persone
- *250 g di farina*
- *bicarbonato di sodio qb*
- *50 g di strutto*
- *sale*

*Per farcire:*
- *squacquerone qb*
- *spinacini (o rucola) qb*
- *prosciutto crudo qb*

**Fare le piadine con le proprie mani è una grandissima soddisfazione. Sono veloci, pratiche e non necessitano di lievitazione.**

Mescolare in una ciotola la farina con il bicarbonato (la punta di un cucchiaino), il sale e lo strutto. Aggiungere circa 125 ml di acqua tiepida, poco per volta, e lavorare con le mani fino a ottenere un impasto plastico e non appiccicoso. Dividerlo in 4 parti uguali, modellare delle palline e stenderle con il mattarello formando dei dischi sottili.
Mettere una piadina alla volta sulla padella bollente e bucherellarla con la forchetta mentre si cuoce. Girarla quando, sulla parte a contatto con la padella, si vedono apparire i puntini scuri, quindi cuocerla anche sull'altro lato. Farcire la piadina con lo squacquerone, gli spinacini e il prosciutto.

# EMPANADAS ALLE VERDURE

Portata: *antipasto*
Tempo di preparazione:
*40 minuti*

Ingredienti per 4 persone
Per l'impasto:
- *250 g di farina*
- *½ cucchiaino di lievito*
  *istantaneo per torte salate*
- *½ cucchiaino di sale*
- *30 g di strutto*
- *125 ml di latte*
- *1 uovo*

Per la farcia:
- *200 g di zucchine*
- *3 cipollotti rossi*
- *2 uova sode*
- *80 g di ricotta salata*
- *olio extravergine*
- *sale e pepe*

Per completare:
- *100 g di ricotta salata*
- *cipollotto qb*
- *olio extravergine*
- *sale grosso*

**La mia famiglia si ostina a preferire la versione con la carne, io invece penso che le empanadas vegetariane siano una vera bomba di gusto. Provare per credere!**

Per l'impasto: mescolare la farina con il lievito, il sale e lo strutto. Aggiungere il latte caldo e l'uovo. Impastare il tutto per circa 10 minuti.

Per la farcia: rosolare le zucchine a cubetti con l'olio e i cipollotti affettati sottilmente. Aggiustare di sale e portare a cottura. Quando le verdure sono cotte, trasferirle in una ciotola e mescolarle con le uova sode spezzettate, un pizzico di pepe e la ricotta salata grattugiata.

Stendere l'impasto con il mattarello a circa 2 mm di spessore, ritagliare dei dischi con il coppapasta o con un bicchiere e farcire ognuno con una pallina di ripieno. Richiudere a mezzaluna le empanadas spennellando prima con acqua un po' i bordi e disporle sulla teglia coperta con la carta forno. Completare con un filo di olio e un po' di sale grosso. Cuocere in forno a 200 °C per circa 10 minuti.

Una volta pronte, se gradito grattugiare sulle empanadas un po' di ricotta salata e completare a piacere con il cipollotto tagliato sottile.

# TUNA MELT

Portata: *piatto unico*
Tempo di preparazione:
*20 minuti*

*Ingredienti per 1 sandwich*
- *180 g di tonno sott'olio sgocciolato*
- *4 cucchiai di maionese*
- *1 costa di sedano*
- *2 cucchiaini di senape*
- *1 cucchiaio di miele*
- *2 cucchiaini di succo di limone*
- *3 fette di pane in cassetta*
- *burro qb*
- *formaggio a fette qb*

**Tra un banchetto di nozze e un buon panino, io scelgo il panino!**

Mescolare il tonno con la maionese, creando una specie di pâté. Tagliare il sedano a pezzettini molto piccoli e regolari e aggiungerli al pâté di tonno. Unire anche la senape, il miele e il succo di limone e mescolare bene tutti gli ingredienti. Assaggiare il composto ed eventualmente aggiustare i sapori con qualche piccola aggiunta.
Eliminare la crosta dalle fette di pane e imburrarle su entrambi i lati. Tostare in forno le 3 fette di pane, 2 con sopra una fetta di formaggio che così si scioglierà leggermente, finché non diventerà croccante e dorato. Comporre il panino al tonno alternando così gli strati: una fetta di pane con il formaggio sciolto, il pâté di tonno, un'altra fetta di pane con il formaggio, ancora pâté di tonno e infine pane.

# PACCHERI RIPIENI FRITTI

Portata: *primo*
Tempo di preparazione:
*35 minuti*

Ingredienti per 4 persone
- *16 paccheri*

Per il sugo all'arrabbiata:
- *2 spicchi di aglio*
- *peperoncino qb*
- *500 ml di passata*
  *di pomodoro*
- *olio extravergine*
- *sale*

Per la farcia:
- *400 g di ricotta*
- *4 cucchiai di pesto*
- *1 cucchiaio di parmigiano*
  *grattugiato*

Per la panatura:
- *farina qb*
- *1 uovo*
- *pangrattato qb*
- *olio per friggere*
- *sale*

**Se avete voglia di stupire i vostri ospiti, questa è la ricetta perfetta!**

Lessare i paccheri. Preparare il sugo all'arrabbiata rosolando l'olio con l'aglio e il peperoncino. Aggiungere la passata, il sale e fare restringere per una decina di minuti. Per la farcia, in una ciotola mescolare la ricotta con il pesto e il parmigiano.
Farcire i paccheri con il composto. Passarli prima nella farina, poi nell'uovo e infine nel pangrattato, impanandoli bene anche sui lati corti. Se necessario, cioè se ci sono parti non coperte bene, ripassarli due volte nell'uovo e nel pangrattato, in questo modo si evita che il ripieno fuoriesca durante la cottura. Friggerli a immersione in abbondante olio bollente.
Una volta pronti, salare i paccheri e servirli su un letto di sugo di pomodoro.

# COUS COUS AL POLLO
# E MELAGRANA

Portata: *piatto unico*
Tempo di preparazione:
*25 minuti*

*Ingredienti per 4 persone*
- *320 g di cous cous precotto*
- *1 scalogno*
- *1 mela*
- *1 petto di pollo*
- *farina qb*
- *1 bicchiere di vino bianco*
- *1 rametto di rosmarino*
- *1 limone non trattato*
- *menta qb*
- *1 melagrana*
- *100 g di granella*
  *di pistacchi*
- *olio extravergine*
- *sale*

**Leggero e sfizioso, si può servire come piatto unico.**

Versare il cous cous in 320 ml di acqua bollente, aggiungere 2 cucchiai di olio, un po' di sale e lasciare riposare coperto per 5 minuti.
Tritare lo scalogno e rosolarlo in una padella con l'olio. Sbucciare e tagliare la mela a cubetti, poi aggiungerla al soffritto. Tagliare il pollo a dadini, infarinarlo leggermente e cuocerlo insieme al resto. Quando è dorato, salare e sfumare con il vino bianco. Aggiungere il rosmarino tritato e lasciare asciugare un po' il sughetto.
Sgranare il cous cous con una forchetta, condirlo con olio, il succo e la scorza di limone, la menta tritata, i chicchi di melagrana c la granclla di pistacchi.
Servire il pollo alle mele con il cous cous.

# BRUSCHETTE CON CAVIALE DI MELANZANE

Portata: *antipasto*
Tempo di preparazione:
*45 minuti*
*+ il raffreddamento*

*Ingredienti per 4 persone*
- *2 melanzane*
- *160 g di caprino*
- *15 foglie di basilico*
- *4 fette di pane di Altamura*
- *olio extravergine*
- *sale e pepe*

*Per completare:*
- *pomodorini qb*
- *olio extravergine*
- *sale e pepe*

**Queste bruschette possono sostituire anche un bel piatto di pastasciutta!**

Tagliare le melanzane a metà, avvolgerle nella carta stagnola e farle cuocere in forno a 180 °C per almeno una trentina di minuti. Lasciarle intiepidire. Togliere la buccia e raccogliere la polpa, strizzarla un po' con le mani e metterla nel vaso del mixer. Unire anche il caprino, il sale, il pepe, l'olio e il basilico. Frullare fino a ottenere un pâté.
Ungere di olio una padella e cuocervi le fette di pane in modo che si abbrustoliscano.
Spalmare su ogni fetta un abbondante strato di caviale di melanzane. Completare con i pomodorini conditi con olio, sale e pepe e servire.

# CHICKEN AND CHIPS

Portata: *secondo*
Tempo di preparazione:
*35 minuti*

*Ingredienti per 4 persone*
- *1 petto di pollo*
- *aglio liofilizzato qb*
- *salsa di soia qb*
- *1 albume*
- *200 g di corn flakes*
- *2 patate*
- *farina qb*
- *olio extravergine*
- *olio per friggere*
- *sale*

**Con questa ricetta farete concorrenza a tutti i fast food della zona!**

Tagliare il pollo a fettine sottili e farlo marinare in una ciotola con un pizzico di aglio liofilizzato e la salsa di soia. In un'altra ciotola sbattere leggermente l'albume senza montarlo. Tritare grossolanamente i corn flakes e metterli in un altro recipiente. Ripassare ogni strisciolina di pollo prima nell'albume e poi nei corn flakes, schiacciando bene la panatura in modo che rimanga ben attaccata. Cuocere in forno con un filo di olio extravergine a 200 °C per 10 minuti circa.

Intanto, tagliare le patate a fettine sottili con la mandolina o con un coltello e infarinarle, quindi friggerle in abbondante olio bollente. Servire il pollo con le chips completando con un pizzico di sale. Volendo, si possono friggere anche le fette di pollo invece di cuocerle in forno.

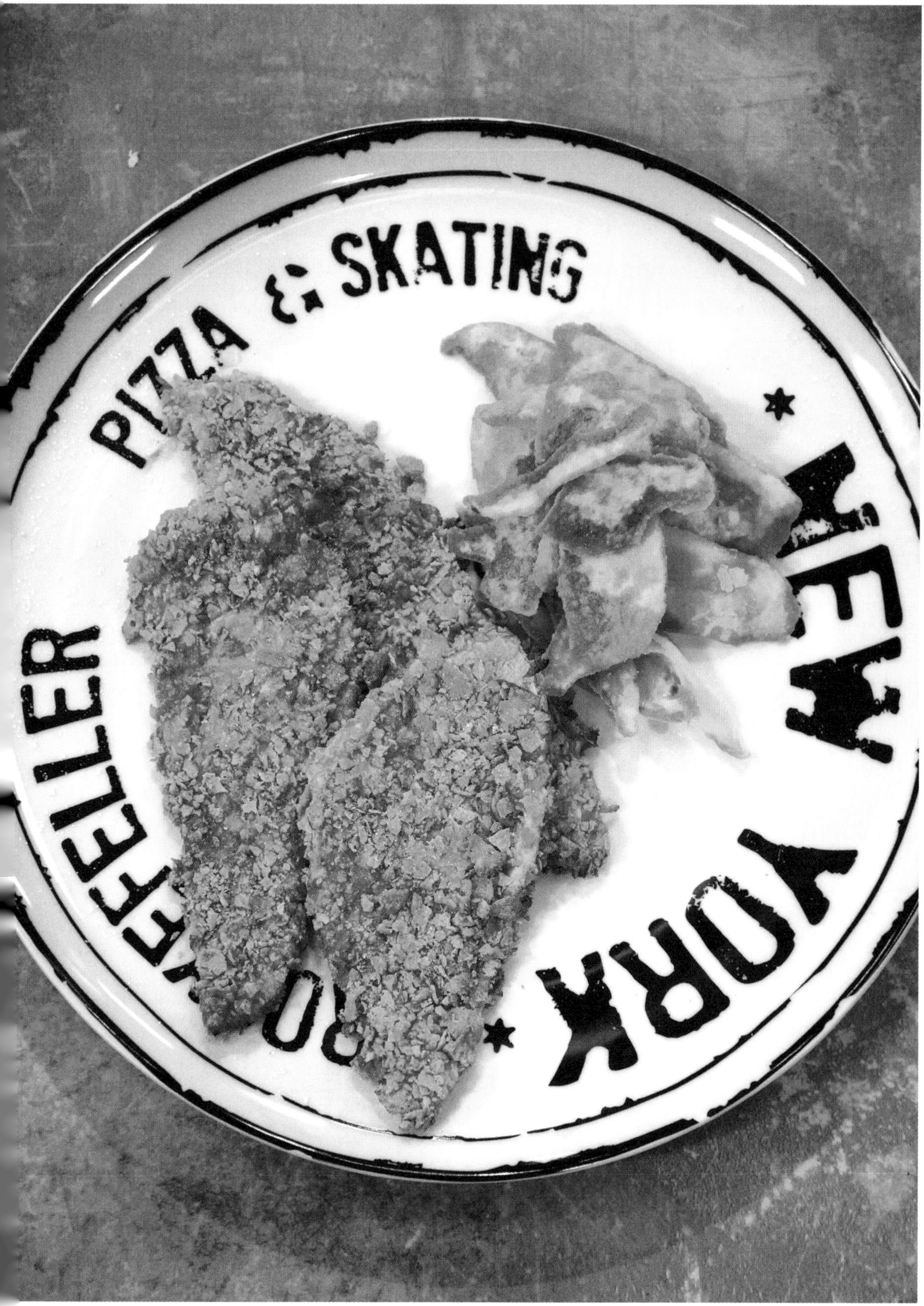
PIZZA & SKATING
NEW YORK

# TORTA SALATA DI ZUCCA, RADICCHIO E GORGONZOLA

Portata: *secondo*
Tempo di preparazione:
*1 ora*
*+ il raffreddamento*

*Ingredienti per 4 persone*
- *1 cipolla rossa*
- *2 cespi di radicchio*
- *100 g di gorgonzola*
- *400 g di polpa di zucca*
- *2 uova*
- *2 cucchiai di parmigiano grattugiato*
- *50 ml di latte*
- *noce moscata qb*
- *1 rotolo di pasta brisée*
- *olio extravergine*
- *sale e pepe*

**Con le torte salate si risolvono un sacco di buffet e di cene! Gorgonzola e zucca, poi, sono un connubio perfetto.**

Affettare la cipolla a rondelle, affettare anche il radicchio e tagliare a tocchetti il gorgonzola. In una larga padella rosolare la cipolla con un po' di olio. Aggiungere il radicchio e poco dopo anche la zucca a pezzetti. Cuocere per circa 10 minuti finché il radicchio non è appassito e la zucca incomincia ad ammorbidirsi. Aggiustare di sale e pepe. Lasciare intiepidire la farcia, trasferirla in una ciotola, unire le uova, il parmigiano, il latte e la noce moscata e mescolare bene.
Stendere la pasta brisée in una tortiera rotonda lasciando sotto la sua carta forno. Bucherellarla, riempirla di farcia, completare con il gorgonzola e infornare a 180 °C per circa 45 minuti.

# QUICHE LORRAINE

Portata: *secondo*
Tempo di preparazione:
*1 ora*

Ingredienti per 6 persone
*1 rotolo di pasta brisée
pronta oppure:*

Per la pasta brisée:
- *300 g di farina*
- *150 g di burro*
- *1 cucchiaino di sale*

Per la farcia:
- *100 g di pancetta tesa
  a bastoncini*
- *3 uova*
- *130 ml di latte*
- *130 ml di panna fresca*
- *noce moscata qb*
- *100 g di groviera*

**Un classico intramontabile che vi farà fare sempre bella figura.**

Stendere la pasta brisée già pronta, oppure prepararla così: in una ciotola unire la farina con il burro freddo tagliato a pezzetti e il sale. Lavorare fino a ottenere un composto di briciole, quindi aggiungere 80 ml di acqua e continuare a impastare con le mani fino a formare una palla. Si può raggiungere lo stesso risultato anche lavorando tutti gli ingredienti nel mixer.

Per la farcia: rosolare la pancetta in padella senza olio. In una ciotola sbattere le uova con il latte, la panna, la noce moscata e il groviera grattugiato con la grattugia a fori larghi.

Stendere la brisée sulla carta forno con il mattarello, oppure usare quella pronta, e rivestire lo stampo, lasciando sotto la carta forno. Bucherellare il fondo della quiche con i rebbi della forchetta, versare la crema e aggiungere la pancetta. Cuocere in forno a 180 °C per circa 40-45 minuti.

# SPAGHETTI AGLIO E OLIO RIVISITATI

Portata: *primo*
Tempo di preparazione:
*15 minuti*

Ingredienti per 4 persone
- *2 spicchi di aglio*
- *peperoncino qb*
- *1 cucchiaio di wasabi*
- *350 g di spaghetti*
- *prezzemolo qb*
- *olio extravergine*

**Il wasabi, piccante e fresco, con gli spaghetti è stata una vera rivelazione!**

Rosolare l'aglio con l'olio e il peperoncino. Fare raffreddare un po' il soffritto e poi aggiungere il wasabi e un goccio di acqua di cottura della pasta in modo che si sciolga.
Cuocere gli spaghetti, scolarli molto al dente e finire la cottura in padella mantecandoli con il sughetto. Completare con il prezzemolo tritato.

# CHICKEN PIE

Portata: *secondo*
Tempo di preparazione:
*45 minuti*
*+ il raffreddamento*

*Ingredienti per 6 persone*
*(per una torta o per 6 tortini)*
- *1 cipolla*
- *150 g di carote*
- *180 g di piselli surgelati*
- *60 g di funghi freschi già*
  *puliti (tipo Champignon)*
- *½ petto di pollo*
  *(250 g circa)*
- *60 g di burro*
- *30 g di farina*
- *dado granulare di carne qb*
- *2 rotoli di pasta brisée*
- *olio extravergine*
- *sale*

**Questa ricetta arriva dal Canada. È una torta salata squisitissima ripiena di besciamella, pollo e funghi... assolutamente da provare!**

Affettare la cipolla, rosolarla in padella con l'olio, poi aggiungere le carote tagliate a dadini e i piselli. Salare. Tritare i funghi e aggiungerli al soffritto. Tagliare a cubetti anche il pollo e aggiungerlo in padella con gli altri ingredienti. Rosolare per 5 minuti circa, poi mettere il burro e la farina e mescolare bene. Unire poco per volta il brodo (mezzo litro di acqua calda e dado), continuando sempre a mescolare. Fare addensare la salsa creando la besciamella. Lasciare intiepidire.
Per fare dei piccoli tortini, ritagliare dei dischi di pasta brisée della giusta dimensione, rivestire gli stampini ben imburrati, riempirli con la farcia e coprire con altri dischi più piccoli di pasta brisée. Altrimenti foderare una sola tortiera grande, ben imburrata, farcirla e ricoprirla con il secondo disco di pasta. Sigillare i bordi. Cuocere a 200 °C per circa 20 minuti.

# GNOCCHI ALLA ROMANA PINK

Portata: *primo*
Tempo di preparazione:
*40 minuti*

Ingredienti per 4 persone
- *1 barbabietola già cotta*
- *500 ml di latte*
- *80 g di burro*
- *250 g di semolino*
- *3 tuorli*
- *150 g di parmigiano grattugiato*
- *noce moscata qb*
- *sale*

Per completare:
- *parmigiano grattugiato qb*

**Mi piacciono tanto gli gnocchi alla romana... e mi piace vedere la faccia dei miei ospiti quando li porto in tavola tutti rosa!**

Frullare la barbabietola con 500 ml di acqua. In un pentolino unire la crema frullata con il latte e il burro e portare a bollore. A questo punto aggiungere il semolino, continuando sempre a mescolare fino a che il composto non si stacca dalle pareti del pentolino. A fuoco spento, incorporare i tuorli uno per volta, poi il sale, il parmigiano e la noce moscata.
Stendere l'impasto sulla leccarda, tra 2 fogli di carta forno, e appiattire bene. Ritagliare gli gnocchi a forma di stella oppure a forma circolare con il bordo di un bicchiere. Sistemarli nella teglia leggermente sovrapposti, completare con il parmigiano e fare gratinare in forno a 200 °C per circa 5-10 minuti.

# BACI DI DAMA SALATI

Portata: *antipasto*
Tempo di preparazione:
*35 minuti*
*+ il raffreddamento*

*Ingredienti per 4 persone*
- *100 g di nocciole*
- *40 g di farina di riso*
- *60 g di amido di riso*
- *80 g di burro*
- *100 g di parmigiano*
- *miele qb*
- *80 g di formaggio spalmabile*
- *sale*

**Questi baci sono perfetti per un aperitivo sfizioso.**

In un mixer tritare le nocciole, poi unire le farine, il burro e il parmigiano e frullare ancora fino a ottenere un impasto che assomigli alla pasta brisée. Aggiungere 1-2 cucchiai di acqua. Aiutandosi con le mani ricavare delle piccole palline di impasto, grandi come delle nocciole, appiattirle leggermente, spolverizzarle di sale e cuocerle in forno a 180 °C per circa 10-15 minuti.
Una volta cotte e raffreddate, farcirne la metà con una punta di miele e il formaggio spalmabile e chiuderle con le restanti palline per formare i "baci".

# RAVIOLI FICHI E RICOTTA

Portata: *primo*
Tempo di preparazione:
*40 minuti + il riposo*

Ingredienti per 2 persone
- *100 g di farina*
- *2 cucchiai di semola
  di grano duro rimacinata*
- *1 uovo*
- *sale*

Per la farcia:
- *200 g di ricotta di pecora*
- *1 cucchiaio di pecorino
  grattugiato*
- *marmellata di fichi qb*
- *sale*

Per completare:
- *burro qb*
- *1 rametto di rosmarino*
- *parmigiano grattugiato qb*
- *olio extravergine*

**In autunno è d'obbligo sostituire il cucchiaino di marmellata con uno spicchio di fico fresco!**

Mescolare le farine in una ciotola. Fare un buco nel centro, creando la classica forma a fontana, romperci l'uovo, aggiungere il sale e sbattere l'uovo con la forchetta in modo da incorporare la farina, poi continuare a impastare con le mani fino a ottenere una palla. Se c'è tempo, fare riposare l'impasto avvolto nella pellicola per alimenti per almeno 10 minuti. Poi stenderlo con il mattarello il più sottile possibile.

Per il ripieno: mescolare la ricotta con il pecorino e un pizzico di sale. Ritagliare i ravioli con il coppapasta rotondo o con un bicchiere e spennellare i bordi con un po' di acqua. Farcirli con una bella cucchiaiata di farcia ai formaggi e con un cucchiaino di marmellata di fichi. Chiudere i ravioli a mezzaluna e lessarli in acqua bollente salata. Una volta pronti, scolarli con una schiumarola e saltarli in padella con il burro, l'olio e il rosmarino tritato fine. Completare con il parmigiano.

# POLPETTE DI BACCALÀ

Portata: *secondo*
Tempo di preparazione:
*20 minuti*

*Ingredienti per 2 persone*
- *240 g di baccalà*
  *già dissalato*
- *1 scalogno*
- *1 cipollotto*
- *1 uovo*
- *4 cucchiai di farina*
- *prezzemolo qb*
- *70 ml di latte*
- *peperoncino qb*
- *olio per friggere*
- *sale*

**Mi piace tantissimo il baccalà mantecato, alla livornese...
ma fritto è sempre il massimo!**

Eliminare le spine dal baccalà e frullarlo con lo scalogno, il cipollotto (usando anche un po' della parte verde), l'uovo, la farina e il prezzemolo. Aggiungere un po' alla volta il latte e frullare ancora in modo da ottenere una consistenza un po' più solida e asciutta di una pastella. Salare un po' e mettere anche un pizzico di peperoncino. Scaldare abbondante olio in un pentolino e friggere il composto a cucchiaiate fino a che non diventa gonfio e dorato. Far sgocciolare le polpette sulla carta da cucina e servirle subito ben calde.

# TORTA AL CIOCCOLATO DI MATI

Portata: *dolce*
Tempo di preparazione:
*45 minuti*

*Ingredienti per 12 persone*
- *3 uova*
- *200 g di zucchero*
- *250 g di mascarpone*
- *120 g di Nutella*
- *250 g di farina*
- *1 bustina di lievito per dolci*
- *100 g di gocce di cioccolato*
- *sale*

**Quest'anno, a Natale, Matilde mi ha fatto un regalo davvero speciale. Un raccoglitore di ricette scelte da lei e trascritte tutte a mano. Questa è la prima che ho provato e gliela dedico con tutto il cuore!**

In una ciotola sbattere le uova con lo zucchero, unire il mascarpone, la Nutella e lavorare il composto con la frusta a mano o con le fruste elettriche fino a ottenere una crema. Aggiungere in ultimo la farina, il lievito, le gocce di cioccolato e un pizzico di sale e amalgamare bene gli ingredienti.

Imburrare e infarinare una forma a ciambella, riempire con il composto e cuocere in forno a 180 °C per 30 minuti.

# SPIEDINI DI SALMONE SATAY

Portata: *secondo*
Tempo di preparazione:
*15 minuti*

Ingredienti per 4 persone
- *600 g di salmone*
- *2 cucchiai e ½ di zucchero di canna*
- *4 cucchiai di salsa di soia*
- *1 cucchiaio di aceto di mele*
- *2 cucchiai di Porto*
- *salvia qb*
- *olio di semi*
- *sale*

**Se non avete voglia di usare gli spiedini, potete cuocere il salmone a tranci in padella e sfumare con la salsa a fine cottura facendo caramellizzare un po' il sughetto.**

Tagliare il salmone a cubetti di circa 3 cm e infilzarli negli stecchini.
Sciogliere lo zucchero di canna nella salsa di soia, aggiungere l'aceto e il Porto. Cuocere gli spiedini di salmone in una padella calda e unta di olio. Salarli e unire la salvia a pezzetti. Farli dorare su tutti i lati e a fine cottura (ci vorranno 4-5 minuti) spennellarli abbondantemente con la salsa.

# CONCHIGLIE
# DELLO STUDENTE

Portata: *primo*
Tempo di preparazione:
*20 minuti*

*Ingredienti per 4 persone*
- *1 cipolla*
- *1 peperone*
- *140 g di robiola*
- *70 g di parmigiano
  grattugiato + un po'
  per completare*
- *350 g di conchiglie*
- *olive nere denocciolate qb*
- *basilico qb*
- *olio extravergine*
- *sale*

**Facili da fare, economiche e molto saporite. Per questo ho battezzato questa pasta le "conchiglie dello studente"!**

Affettare ad anelli la cipolla e rosolarla in padella con l'olio. Aggiungere il peperone tagliato a pezzetti, il sale e lasciare cuocere fino a che il peperone non è morbido. Trasferire le verdure nel vaso del mixer, unire la robiola e il parmigiano e frullare il tutto in modo da ottenere una deliziosa crema.

Lessare la pasta, condirla con questa salsa e completare con altro parmigiano, olive tagliate a rondelle e basilico.

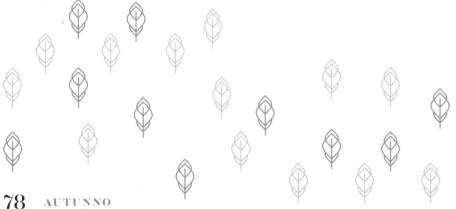

# ROTOLO DI SPINACI FARCITO

Portata: *secondo*
Tempo di preparazione:
*30 minuti*
*+ il raffreddamento*

Ingredienti per 4 persone
- *100 g di spinaci freschi*
- *40 g di burro*
- *5 uova*
- *100 g di parmigiano
  grattugiato*
- *sale*

Per la farcia:
- *150 g di formaggio
  spalmabile*
- *120 g di tonno sott'olio
  sgocciolato*
- *sale e pepe*

**La mia famiglia ama questa ricetta!**

Cuocere gli spinaci in padella con il burro e un pizzico di sale. A parte, sbattere le uova con il parmigiano. Strizzare leggermente gli spinaci, frullarli in un mixer e aggiungerli alle uova. Versare il composto sulla teglia foderata di carta forno e cuocere a 180 °C per circa 10 minuti.
Intanto, preparare la farcia mescolando il formaggio spalmabile con il tonno spezzettato. Aggiungere un pizzico di sale e di pepe.
Una volta cotta, lasciare raffreddare la frittata, poi spalmare la crema e arrotolarla ben stretta. Si può tagliarla e servirla subito, oppure avvolgerla con la pellicola per alimenti e lasciarla riposare in frigo fino al momento di servire.

# OSSOBUCO

Portata: *secondo*
Tempo di preparazione:
*1 ora e 30 minuti*

*Ingredienti per 2 persone*
- *500 g di ossibuchi*
- *farina qb*
- *1 carota*
- *1 cipolla*
- *1 costa di sedano*
- *1 bicchiere di vino bianco*
- *1 cucchiaino di concentrato di pomodoro*
- *la scorza di ½ limone non trattato*
- *prezzemolo qb*
- *olio extravergine*
- *sale*

**A casa mia siamo tutti golosi di ossobuco. Ma ci dividiamo in due fazioni: chi lo vuole con il purè, chi con il risotto giallo...**

Incidere con le forbici la pellicina esterna degli ossibuchi in modo che non si arriccino in cottura. Io me lo faccio fare dal macellaio. Passarli bene nella farina.

Tritare carota, cipolla e sedano. Io li metto nel mixer così il trito risulta molto piccolo e omogeneo. Fare un soffritto in padella con olio e verdure. Aggiungere gli ossibuchi e rosolarli delicatamente su entrambi i lati a fuoco medio basso; salare, sfumare con il vino e lasciare evaporare per qualche minuto. Aggiungere poi un bicchiere di acqua e il concentrato di pomodoro, mettere il coperchio e lasciare cuocere per almeno 45 minuti a fuoco dolce fino a che non si è creata una salsina più ristretta e cremosa e l'ossobuco è ben cotto e morbido che quasi si stacca dall'osso. A questo punto togliere il coperchio, alzare un po' la fiamma, aggiungere la scorza di limone grattugiata e il prezzemolo tritato e lasciare restringere la salsa per qualche minuto.

Servire l'ossobuco con la sua salsina, accompagnato a piacere con risotto allo zafferano o purè di patate.

# INVOLTINI
# DEL RINGRAZIAMENTO

Portata: *secondo*
Tempo di preparazione:
*30 minuti*

*Ingredienti per 4 persone*
- *1 cipolla*
- *150 g di pancetta*
- *30 g di burro*
- *6 castagne cotte
  e sotto vuoto*
- *4 fette di tacchino*
- *farina qb*
- *rosmarino qb*
- *Marsala secco qb*
- *olio extravergine*
- *sale e pepe*

**Il classico tacchino del Ringraziamento è una portata veramente impegnativa, ma questi involtini, dal gusto dolce e goloso, invece sono facilissimi e irresistibili.**

Tritare la cipolla e rosolarla in padella con la pancetta e il burro. Aggiungere al soffritto le castagne sbriciolate e cuocere per qualche minuto in modo che si insaporisca il tutto. Salare e pepare.

Tagliare la carne e batterla per renderla sottile in modo da ricavare dei quadrati di circa 8-10 cm per lato. Farcirli con un cucchiaio di ripieno di castagne e pancetta. Chiuderli come dei pacchettini fermandoli con lo spago da cucina. Passarli nella farina e rosolarli in padella con l'olio e il rosmarino. Quando sono rosolati su tutti i lati, sfumare con il Marsala e continuare la cottura a fuoco basso con il coperchio fino a che la salsa non si è addensata e il tacchino risulta ben cotto.

# MAC AND CHEESE

Portata: *primo*
Tempo di preparazione:
*30 minuti*

*Ingredienti per 6 persone*
- *500 g di sedanini*
- *pangrattato qb*
- *parmigiano grattugiato qb*
- *olio extravergine*
- *sale*

*Per la besciamella:*
- *65 g di farina*
- *85 g di burro*
- *1 l di latte*
- *200 g di pecorino
  semistagionato
  grattugiato*
- *120 ml di panna fresca*
- *noce moscata qb*
- *paprika qb*

*Maccaroni and Cheese* è una pasta al forno tipicamente americana fatta con la besciamella e il formaggio. Invece del pecorino potete anche mettere il groviera. I miei figli la adorano.

Per la besciamella: tostare la farina con il burro in un tegame. Aggiungere il latte versandolo a filo, mescolando in modo che non restino grumi. Fare addensare la crema sul fuoco continuando a mescolare. Spegnere e unire il formaggio, la panna, la noce moscata e un pizzico di paprika.
Lessare la pasta. Scolarla molto al dente, condirla con la crema al formaggio e trasferirla in una teglia da forno. Completare con il pangrattato, il parmigiano e un filo di olio. Fare gratinare in forno per 5 minuti fino a che non si è formata una bella crosticina.

# CRÊPES CON GAMBERI
# E SALSA ROSA

Portata: *primo*
Tempo di preparazione:
*30 minuti*

Ingredienti per 6-8 persone
- *500 g di gamberi sgusciati*
- *burro qb*
- *½ bicchiere di cognac*
- *sale e pepe*

Per la salsa rosa:
- *50 ml di ketchup*
- *50 g di maionese*
- *1 cucchiaino di cognac*
- *2 cucchiai di panna fresca*

Per le crêpes:
- *90 g di farina*
- *170 ml di latte*
- *1 uovo*
- *50 g di burro*
- *sale*

Per completare:
- *1-2 coste di sedano*
- *rucola qb*

**Gamberi e salsa rosa... un meritatissimo tributo agli anni Ottanta.**

Scottare i gamberi in padella con il burro, il sale e il pepe. Sfumare con il cognac e cuocere per pochissimi minuti.
Per la salsa rosa, mescolare il ketchup con la maionese, il cognac e la panna.
Per le crêpes, mescolare la farina con il latte e l'uovo. Aggiungere anche il burro fuso e un pizzico di sale.
Scaldare una padella antiaderente, imburrarla e versare un mestolo di impasto, muovendola velocemente in modo che la pastella si distribuisca uniformemente su tutta la superficie. Cuocerla da tutti e due i lati. Continuare a preparare le crêpes in questo modo fino a esaurimento dell'impasto.
Farcire le crêpes con i gamberi, il sedano tagliato a cubetti, la salsa rosa e la rucola.

# CREMA DI CAVOLFIORE AL CURRY

Portata: *primo*
Tempo di preparazione:
*30 minuti*

Ingredienti per 4 persone
- *1 cipolla*
- *2 coste di sedano*
- *1 cavolfiore*
- *1 cucchiaio di curry*
- *1 cucchiaio di farina*
- *150 ml di latte*
- *dado granulare vegetale qb*
- *50 g di Emmental*
- *olio extravergine*
- *sale e pepe*

**Le vellutate sono supersane... e superbuone! Questa ha un sapore etnico e originale grazie al curry.**

Affettare la cipolla e il sedano, farli rosolare in un tegame con l'olio, aggiungere poi il cavolfiore a cimette, il curry e la farina e fare tostare il tutto per qualche minuto. Aggiungere il latte e poi qualche mestolata di acqua calda in modo da coprire a filo i cavolfiori. Aggiungere il dado, il sale e fare cuocere con il coperchio fino a che il cavolfiore non è morbidissimo.
Una volta pronto, toglierlo dal fuoco, frullarlo con il frullatore a immersione e rimetterlo sul fuoco. Grattugiare con la grattugia a fori larghi l'Emmental, unirlo e mescolare bene fino a che non si è sciolto. Se la zuppa risulta troppo densa aggiungere acqua o brodo. Spolverizzare con un po' di pepe prima di servire.

# IN VER NO

BENEDETTA

*tutto* L'ANNO

# NATALE

## CARO DIARIO,

quest'anno il Natale è stato ancora più speciale del solito e il motivo è.... bianco, peloso e molto molto tenero! A dicembre è entrato nella nostra famiglia il piccolo Snoop Dogg e niente è stato più come prima! Erano anni che i miei figli desideravano un cagnolino ma io non ci pensavo minimamente, poi su un set è spuntato questo cucciolo ed è stato subito amore. Dunque ci siamo ritrovati con Snoop sotto l'albero, ma senza la famiglia di mia sorella Cristina che ha optato per un bellissimo viaggio a Cuba. Si sentiva che non c'erano, ma la confusione e l'affetto non sono mancati. Tutto è andato alla perfezione e ognuno ha assolto ai suoi compiti: Fabio si è occupato

dell'albero, i ragazzi delle decorazioni, raccogliendo bacche e pigne direttamente nel bosco, mio fratello ha portato il panettone e io... ho cucinato! Come in tutte le case, anche da noi il menu di Natale è sempre lo stesso, ma con delle varianti, così invece dell'immancabile insalata russa con tonno e maionese, ne ho fatta una con il nasello e la maionese senza uova. Invece degli agnolotti ho optato per i cappelletti e poi ho farcito il tacchino con le prugne invece che con le castagne! Ma per me il momento più bello arriva quando ci alziamo da tavola e Robi, mio fratello, prende la chitarra: a casa nostra, chi più chi meno, siamo tutti canterini e se incominciamo a suonare andiamo avanti per ore. Si interrompe il concerto solo per aprire i regali!

# CAPESANTE GRATINATE

*Portata: antipasto*
Tempo di preparazione:
*25 minuti*

*Ingredienti per 4 persone*
- *8 capesante*
- *4 cucchiai di pistacchi*
- *2 fette di pane in cassetta*
- *la scorza di 1 arancia*
  *non trattata*
- *70 g di burro*
- *sale e pepe*

Staccare il mollusco dalla conchiglia con un coltellino e lavarlo in acqua corrente fredda. Sciacquare la conchiglia e ricollocarvi il mollusco.
Tritare nel mixer i pistacchi con il pane e aggiungere la scorza di arancia. Intanto sciogliere il burro nel microonde. Salare le capesante e coprirle con la panatura, quindi versare il burro e pepare. Cuocere in forno a 180 °C per 15 minuti.

ALL I
want for
christmas
is you

# FIORI DI ZUCCA
# RIPIENI DI PROVOLA

Portata: *antipasto*
Tempo di preparazione:
*30 minuti*

*Ingredienti per 4 persone*
- *12 fiori di zucca*
- *150 g di provola affumicata*
- *maggiorana qb*
- *olio per friggere*
- *sale*

*Per la pastella:*
- *120 g di farina*
- *½ bustina di lievito*
  *istantaneo per torte salate*
  *(o anche per dolci)*
- *200 ml di birra*

Per la pastella, mescolare la farina con un pizzico di lievito. Lavorando con una frusta, aggiungere tanta birra quanto basta per ottenere una pastella densa e vellutata. Togliere il pistillo dai fiori di zucca e farcirli con la provola tagliata a cubetti e la maggiorana. Immergere i fiori nella pastella, sigillare l'interno chiudendo bene i petali, poi metterli nell'olio bollente e friggerli a immersione fino a che non sono dorati. Salare i fiori di zucca prima di servire.

# INSALATA RUSSA
# CON NASELLO

Portata: *antipasto*
Tempo di preparazione:
*30 minuti*

*Ingredienti per 4 persone*
- *150 g di nasello*
- *450 g di verdure surgelate
  per insalata russa (oppure
  un mix di piselli, carote
  e patate)*
- *sale*

*Per la maionese senza uova:*
- *100 ml di latte di soia
  non dolce*
- *200 ml di olio di semi*
- *1 cucchiaio di senape*
- *succo di limone qb*
- *sale*

*Per completare:*
- *giardiniera qb*
- *crostini di pane qb*

Lessare il nasello e le verdure in 2 pentole separate, con acqua e sale. Scolare le verdure e il nasello e mescolarli insieme sbriciolando il pesce con le mani.

Mettere nel vaso del mixer il latte di soia, l'olio e la senape e frullare fino a ottenere la maionese. Condire con limone e sale.

Mescolare la maionese al resto degli ingredienti, tenendone un po' da parte per la guarnizione. Sistemare l'insalata russa in uno o più piatti da portata. Livellare la superficie con la maionese rimasta e decorare con la giardiniera e servire con i crostini.

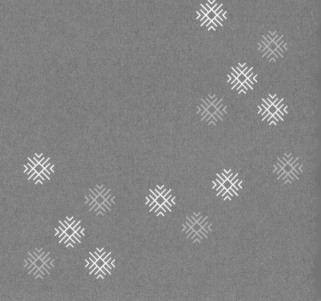

# CAPPELLETTI IN BRODO

Portata: *primo*
Tempo di preparazione:
*2 ore + il riposo*

*Ingredienti per 8-10 persone*
*Per la farcia:*
- *1 bistecca di lonza già cotta*
  *(circa 100 g)*
- *100 g circa di mortadella*
- *1 uovo*
- *100 g di parmigiano*
- *50 g circa di robiola*
- *50 g circa di ricotta*
- *sale*

*Per la sfoglia:*
- *300 g di farina*
- *3 uova*
- *semola di grano duro qb*

- *brodo di carne qb*

Per la farcia: mettere nel mixer la bistecca di lonza cotta tagliata a pezzetti e la mortadella e tritare il tutto. Unire l'uovo, un pizzico di sale, il parmigiano, la robiola e la ricotta. Tritare ancora il tutto.

Per la sfoglia: impastare la farina con le uova, delicatamente. Lasciare riposare l'impasto per 10 minuti. Stendere la sfoglia aiutandosi con un po' di semola, tagliare la pasta a quadrati di circa 4 cm di lato e farcirli. Richiuderli: piegare prima il quadrato a metà ottenendo un triangolo, sigillare bene la chiusura e poi unire le 2 punte, premendole insieme, per formare il cappelletto. Tenere i quadrati di pasta coperti mentre si procede, per evitare che si secchino; se dovesse accadere inumidire leggermente i bordi prima di sigillarli. Cuocere i cappelletti nel brodo per un paio di minuti.

NATALE

# TACCHINO RIPIENO

Portata: *secondo*

Tempo di preparazione:
*4 ore e 15 minuti*

*Ingredienti per 10-12 persone*
- 1 tacchino (5 kg)
  *già eviscerato*
- 150-200 g di burro
- 500 ml di brodo
- 500 ml di vino bianco
- sale e pepe

*Per la farcia:*
- 4 cipolle
- 100 g di burro
- 300 g di pancetta affumicata
- 3 manciate di prugne secche
- 1 lattina di mais in scatola
- 5 fette di pane in cassetta
- olio extravergine

*Per la salsa gravy:*
- 2 cucchiai di burro
- 2 cucchiai di farina
- succhi di cottura del tacchino
- 500 ml di brodo
- 1 bicchiere di latte

Iniziare dalla farcia. Far soffriggere in padella le cipolle tritate con il burro e un po' di olio. Aggiungere la pancetta tagliata a piccoli cubetti e continuare a far soffriggere. Tagliare a pezzetti le prugne e metterle in padella. Unire anche il mais. Fare insaporire il tutto, quindi spegnere il fuoco. Tostare le fette di pane. Tagliarle a pezzetti e aggiungerle al composto di pancetta, cipolle, prugne e mais. Impastare il tutto fino a ottenere un ripieno compatto.

Spalmare una buona quantità di burro fuso sul tacchino, anche sotto la pelle, per renderlo croccante. Aggiungere abbondantemente sale e pepe, quindi farcire il tacchino con il composto, facendo attenzione a non riempirlo completamente per evitare che la farcia fuoriesca durante la cottura. Infine, chiudere il tacchino con stecchini di legno.

Mettere in forno a 200 °C e cuocere per 30 minuti, quindi abbassare la temperatura a 180 °C e continuare a cuocere per circa 3 ore.

Ogni 30 minuti irrorare il tacchino, una volta con il brodo (fatto con acqua calda e dado) e un'altra con il vino, poi dopo un'ora e mezza con i succhi di cottura del tacchino stesso. Se si scurisce troppo e rischia di bruciare, a metà cottura lo si può coprire con la carta stagnola.

Una volta cotto il tacchino, preparare la salsa gravy: fare sciogliere in padella il burro, unire la farina e farli tostare. Quando questo *roux* di burro e farina assume un colore leggermente marrone, versare un po' alla volta i succhi di cottura del tacchino e mescolare. Aggiungere il brodo e, sempre continuando a mescolare, far addensare il composto. A cottura ultimata, per alleggerire il sapore della salsa, si può aggiungere un bicchiere di latte.

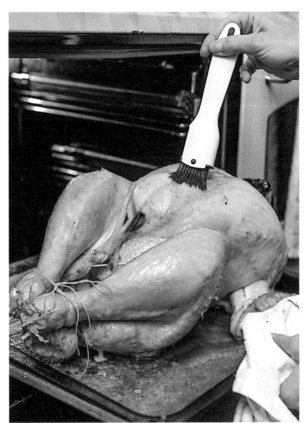

## BISCOTTINI DI PAN DI ZENZERO

Portata: *dolce*
Tempo di preparazione:
*45 minuti + il raffreddamento*

*Ingredienti per 10 persone*
- *100 g di zucchero di canna*
- *125 g di burro*
- *110 g di miele*
- *330 g di farina*
- *1 cucchiaino di zenzero*
  *in polvere*
- *1 cucchiaino di lievito*
  *per dolci*

*Per la glassa:*
- *1-2 cucchiai di albume*
- *100 g di zucchero a velo*

*Per decorare:*
- *1 albume*
- *meringhette qb*
- *piccoli amaretti qb*

In una ciotola mescolare lo zucchero di canna con il burro morbido. Aggiungere il miele, quindi la farina, lo zenzero e il lievito. Impastare fino a ottenere un panetto.

Stendere l'impasto con il mattarello tra 2 fogli di carta forno, tagliare i biscotti con lo stampino a forma di omino e decorarli con meringhette e amaretti affondandoli nell'impasto. Per essere sicuri che restino appiccicati, si può spennellare un po' di albume che farà da "colla". Prima di infornare, ricavare un piccolo foro attraverso cui far passare lo spago per appendere gli omini all'albero. Basterà uno stecchino.

Cuocere a 180 °C per 10 minuti. Una volta sfornati, assicurarsi che il buchino sia ancora aperto, altrimenti riaprirlo prima che i biscotti si raffreddino. Farli raffreddare.

Preparare la glassa mescolando l'albume e lo zucchero a velo e usarla per decorare i biscotti, servendosi di uno stecchino come se fosse un pennello.

NATALE

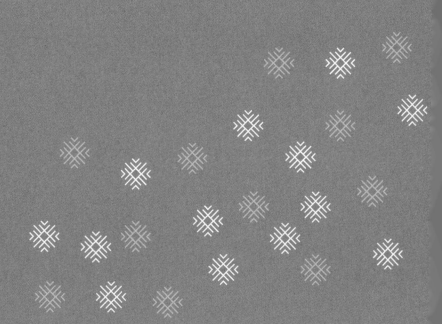

# ROTOLINI DI WÜRSTEL E FORMAGGIO

Portata: *antipasto*
Tempo di preparazione:
*10 minuti*

*Ingredienti per 4 persone*
- *2 fette di pane*
  *da tramezzini*
- *2 cucchiai di senape*
- *2 fette sottili di groviera*
- *2 würstel*
- *farina qb*
- *2 uova*
- *pangrattato qb*
- *olio per friggere*
- *sale*

**Insieme a una bella birra ghiacciata, sono il mio aperitivo ideale!**

Appiattire il pane con il mattarello. Spalmarlo di senape e ricoprirlo con fettine di formaggio.
Tagliare il pane così farcito a strisce, mettere in ciascuna un pezzo di würstel e arrotolarla per formare dei rotolini. Ripassarli prima nella farina, poi nell'uovo e nel pangrattato. Sigillare bene i rotolini di würstel e friggerli in abbondante olio bollente. Salarli prima di servire.

# SPAGHETTI ACCIUGHE
# E UOVO

Portata: *primo*
Tempo di preparazione:
*15 minuti*

Ingredienti per 4 persone
- *350 g di spaghetti*
- *10 filetti di acciuga*
- *½ spicchio di aglio*
- *50-75 ml circa di olio*
  *extravergine*
- *4 tuorli*
- *50 g circa di parmigiano*
  *grattugiato*
- *pepe*
- *sale grosso*

**Questa ricetta mi è stata suggerita da Ernst Knam, che non è solo un eccezionale pasticciere, ma cucina benissimo anche il salato.**

Lessare gli spaghetti in acqua bollente salata. Mentre cuociono frullare nel vaso del mixer le acciughe, l'aglio, l'olio e qualche cucchiaio di acqua di cottura della pasta in modo da ottenere una crema.
Scolare gli spaghetti e rimetterli nella loro pentola, che è bella calda. Condirli con la salsa, mantecare con i tuorli e il parmigiano. Completare con una spolverizzata di pepe.

# HAMBURGER DI POLLO
# E GUACAMOLE

Portata: *piatto unico*
Tempo di preparazione:
*15 minuti*

*Ingredienti per 4 persone*
- *1 petto di pollo*
- *olio extravergine*
- *sale*

*Per il guacamole:*
- *½ avocado*
- *½ cipolla*
- *½ pomodoro*
- *il succo di 1 lime*
- *tabasco qb*
- *olio extravergine*

*Per completare:*
- *4 panini da burger*
- *4 fette di pomodoro*
- *rucola qb*

**Il guacamole è una salsa buonissima, facile e leggera. È molto versatile e sta benissimo con il pollo alla griglia, tanto è vero che io spesso la servo accanto alla bistecca di pollo, anche non in versione hamburger.**

Tagliare il pollo a pezzetti un po' più grandi di una tartare. Grigliarlo con un filo di olio e il sale su una bistecchiera calda o una padella antiaderente.

Per il guacamole: frullare la polpa dell'avocado con la cipolla, il pomodoro, l'olio, il succo del lime e il tabasco, creando una crema. Mescolare la salsa con il pollo e farcire il panino con uno strato abbondante. Completare con il pomodoro tagliato a fettine e la rucola.

# MEGA COOKIE

Portata: *dolce*
Tempo di preparazione:
*30 minuti*
*+ il raffreddamento*

*Ingredienti per 6 persone*
- *200 g di farina*
- *60 g di zucchero semolato*
- *60 g di zucchero di canna*
- *1 bustina di vanillina*
- *1 bustina di lievito per dolci*
- *125 g di burro*
- *1 uovo*
- *100 g di cioccolato fondente*
- *50 g di nocciole*
- *2 cucchiai di mascarpone*
- *2 cucchiai di Nutella*
- *sale*

*Per completare:*
- *praline colorate
  di cioccolato qb*
- *codette colorate qb*
- *marshmallow qb*
- *scaglie di cocco qb*

**Perché accontentarsi di un biscottino?**

Mettere in una ciotola la farina con gli zuccheri, la vanillina, il lievito, un pizzico di sale e il burro tagliato a pezzetti. Impastare con le mani fino a ottenere un composto sbricioloso. A questo punto unire l'uovo e impastare velocemente, aggiungere anche il cioccolato a pezzetti e le nocciole tritate grossolanamente fino a ottenere una palla di impasto.
Con l'aiuto del mattarello stendere sulla carta forno l'impasto creando un grosso cookie della misura di una normale crostata, ma senza bordi. Sistemarlo sulla placca tenendo sotto la carta forno. Cuocere a 180 °C in forno statico per circa 20 minuti.
Mescolare il mascarpone e la Nutella in modo da ottenere una crema e spalmarla sul cookie, una volta raffreddato. Decorare il cookie a spicchi, con praline e codette, marshmallow e scaglie di cocco.

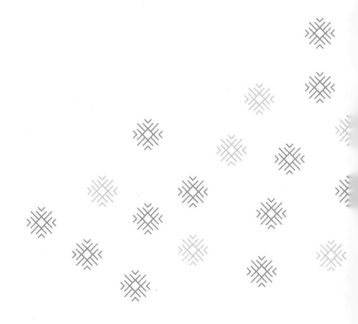

# PASTA ALLA NORMA

Portata: *primo*
Tempo di preparazione:
*30 minuti*

Ingredienti per 4 persone
- *600 ml di passata
  di pomodoro*
- *2 spicchi di aglio*
- *basilico qb*
- *2 melanzane*
- *350 g di rigatoni*
- *ricotta salata qb*
- *olio per friggere*
- *sale*

**Questa pasta è davvero il mio cavallo di battaglia. Tutti gli amici che sono passati dalla mia cucina l'hanno assaggiata almeno una volta.**

Cuocere la passata di pomodoro con l'aglio, il basilico e un pizzico di sale senza olio per una decina di minuti, in modo da far insaporire e restringere il sugo. Scaldare in un pentolino l'olio per friggere. Tagliare la melanzana a cubetti e, una volta che l'olio è bollente, friggere i cubetti poco per volta, scolarli e farli asciugare sulla carta da cucina salandoli leggermente.

Lessare la pasta e, una volta pronta, condirla con il sugo di pomodoro, unire le melanzane (tenendone un po' da parte) e la ricotta salata grattugiata. Servire ogni piatto con l'aggiunta di una manciata di melanzane fritte e un'altra spolverizzata di ricotta.

# SPIEDINI DI SEDANO

Portata: *antipasto*
Tempo di preparazione:
*20 minuti*

*Ingredienti per 4 persone*
- *2 coste di sedano*
- *120 g di manzo a fettine*
- *120 g di pollo a fettine*
- *60 g di bacon*
- *sale grosso*

*Per la salsa:*
- *2 cucchiai di ketchup*
- *2 cucchiai di senape*
- *1-2 cucchiai di zucchero
  di canna*
- *olio extravergine*

*Per completare:*
- *semi di sesamo qb*

**Questi spiedini sono davvero invitanti perché sono croccanti e morbidi nello stesso tempo!**

Tagliare a metà il sedano in modo da ottenere 2 bastoncini larghi circa un dito. Se il gambo di sedano è molto grande lo si può anche tagliare in 3 parti. Tagliare la carne a strisce più o meno della stessa larghezza. Sovrapporre leggermente le fettine di carne alternando il manzo, il pollo e il bacon. Arrotolarle a spirale intorno al sedano e stringere bene con la mano in modo che restino appiccicate.
Per la salsa: mescolare il ketchup con la senape, lo zucchero e un filo di olio. Cuocere gli spiedini in una bistecchiera o in una padella ben calda unta di olio e spolverizzata di sale grosso. A metà cottura spennellare gli spiedini con la salsa e finire la cottura. Prima di servirli aggiungere il sesamo a pioggia, che si appiccicherà alla carne grazie alla salsina.

# MILLEFOGLIE DI PATATE E SALMONE

Portata: *antipasto*
Tempo di preparazione:
*20 minuti*

*Ingredienti per 4 persone*
- *2 patate*
- *8 fette di carpaccio
  di salmone*
- *burro qb*
- *paprika qb*
- *parmigiano grattugiato qb*
- *sale*

*Per la salsa:*
- *250 ml di panna fresca*
- *il succo di 1 limone*
- *125 g di yogurt bianco*
- *aneto qb*

**Salmone e patate è un connubio delizioso, e se condito con un po' di burro diventa un antipasto davvero super!**

Sbucciare le patate e tagliarle a fettine sottili per il lungo. Sbollentarle per pochi minuti in acqua salata. Scolarle. Ritagliare le fettine di salmone della stessa grandezza delle patate.
Sciogliere una noce di burro con la paprika. Spennellare le fettine di patate con il burro aromatizzato e salarle.
Comporre la millefoglie su una teglia foderata di carta forno alternando le patate con il salmone, creando 3 o 4 strati. Completare l'ultimo strato con una spolverizzata di parmigiano. Cuocere a 200 °C per circa 4–5 minuti fino a che il salmone non è scottato e la patata gratinata.
Per la salsa: mescolare la panna con il succo di limone, lo yogurt e l'aneto. Frullare il tutto. Servire la millefoglie di patate con la salsa.

# TORTA CIOCCOLATINO AL PEPERONCINO

Portata: *dolce*
Tempo di preparazione:
*40 minuti*

*Ingredienti per 4 persone*
- *200 g di cioccolato fondente*
- *½ cucchiaino*
  *di peperoncino in polvere*
- *200 g di zucchero*
- *200 g di burro*
- *4 uova*
- *4 cucchiai rasi di farina*
- *zucchero a velo qb*
- *sale*

**Questa è la mia ricetta classica della torta cioccolatino, un vero classico a casa mia, rivisitata in chiave piccante.**

Tritare grossolanamente il cioccolato e farlo sciogliere in un pentolino con 2 cucchiai di acqua a fuoco basso. Aggiungere il peperoncino, lo zucchero e il burro tagliato a pezzetti e fare sciogliere il tutto dolcemente. Trasferire la crema ottenuta in una ciotola, farla raffreddare per qualche minuto, quindi aggiungere i tuorli e mescolare. Completare con la farina.

A parte, montare a neve gli albumi con un pizzico di sale e incorporarli al composto. Mescolare dal basso verso l'alto fino ad avere un composto soffice e ben amalgamato. Versare il tutto nella tortiera imburrata e infarinata. Cuocere in forno a 180 °C per circa 20 minuti. Completare con lo zucchero a velo.

# FISH AND CHEESE

Portata: *secondo*
Tempo di preparazione:
*25 minuti*

*Ingredienti per 4 persone*
- *500 g di merluzzo*
- *1 formaggio tipo Galbanino*
  *(250 g)*
- *olio per friggere*

*Per la pastella:*
- *2 bicchieri di farina*
- *1 bicchiere di farina*
  *di mais fioretto*
- *1 cucchiaio di zucchero*
- *½ cucchiaio di sale*
- *1 cucchiaio di lievito*
  *istantaneo per torte salate*
- *2 bicchieri di latte*
- *4 tuorli*

**Pesce e formaggio fritto. Questa panatura è davvero squisita, croccante e dorata. Il formaggio tipo Galbanino fritto, poi, è una rivelazione!**

Per la pastella: in una ciotola mescolare le farine con lo zucchero, il sale e il lievito. Aggiungere il latte e poi i tuorli e mescolare con una frusta a mano o una forchetta fino a ottenere un composto liscio e omogeneo.
Dividere il merluzzo in tocchetti. Scaldare in un pentolino abbondante olio, deve essere bollente. Immergere i tocchi di merluzzo nella pastella e friggerli a immersione nell'olio. Tagliare il formaggio a fette spesse circa 1,5 cm, immergerle nella pastella e poi friggerle. Servire il merluzzo con il formaggio fritto.

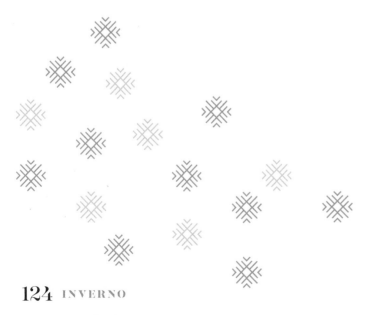

# FUSILLI MIMOSA
# CON CARCIOFI

**Portata:** *primo*
**Tempo di preparazione:**
*25 minuti*

*Ingredienti per 4 persone*
- *4 uova*
- *4 carciofi*
- *2 spicchi di aglio*
- *350 g di fusilli*
- *pecorino grattugiato qb*
- *origano qb*
- *olio extravergine*
- *sale e pepe*

**Perfetta per la festa delle donne!**

Lessare le uova in acqua a bollore per 10 minuti. Passarle sotto l'acqua fredda, poi sgusciarle e tenere da parte il tuorlo. Pulire i carciofi (eliminare le foglie esterne più dure fino a scoprire le prime foglie tenere. Mozzare la punta del carciofo quindi allargare le foglie e, con uno scavino o un cucchiaino, eliminare la peluria interna. Con un coltellino ben affilato eliminare la parte esterna fibrosa del gambo), tagliarli a fettine e rosolarli in padella con l'olio, l'aglio, il sale e il pepe fino a che non sono morbidi. Se necessario, aggiungere qualche cucchiaiata di acqua.

Lessare i fusilli, scolarli e ripassarli in padella con i carciofi. A fuoco spento, aggiungere i tuorli sodi passandoli attraverso un colino in modo da creare dei piccoli riccioli. Mantecare con l'acqua di cottura e il pecorino, ottenendo così una deliziosa cremina. Completare con l'origano.

L'albume lesso avanzato si può usare spezzettato in un'insalata.

# SPEZZATINO DI LESSO RIFATTO

Portata: *secondo*
Tempo di preparazione:
*25 minuti*

*Ingredienti per 4 persone*
- *1 cipolla*
- *lesso (1 coscia*
  *e 1 sovracoscia di pollo,*
  *250 g di polpa di manzo)*
- *brodo di carne qb*
- *100 ml di passata*
  *di pomodoro*
- *1 rametto di rosmarino*
- *1 patata lessa*
- *olio extravergine*
- *sale*

**Con il lesso avanzato, oltre a delle ottime polpette si può fare questo golosissimo spezzatino al pomodoro.**

Affettare ad anelli la cipolla e rosolarla in un largo tegame con l'olio. Tagliare a pezzi regolari tutti i tipi di carne come se fosse uno spezzatino e aggiungerli al soffritto insieme a un mestolo di brodo, alla passata di pomodoro, al sale e al rosmarino. Completare con una patata lessa tagliata a tocchetti.
Cuocere fino a che la salsa non si è ristretta e la carne ben insaporita.

# MANZO CON GLI ANACARDI

Portata: *secondo*
Tempo di preparazione:
*25 minuti*

*Ingredienti per 4 persone*
- *100 g di anacardi*
- *3 cipollotti*
- *1 carota*
- *½ peperone*
- *1 zucchina*
- *zenzero fresco qb*
- *500 g di straccetti di manzo*
- *amido di mais qb*
- *3–4 cucchiai di salsa
  di soia*
- *olio extravergine*
- *sale*

**I miei figli adorano la "mia" cucina cinese! Questo piatto è molto pratico, sano e goloso.**

Tostare gli anacardi in padella. Affettare i cipollotti a rondelle, conservando la parte verde. Tagliare a cubetti la carota e il peperone. Ricavare dalla zucchina solo la parte verde esterna con un po' di polpa attaccata e tagliarla a bastoncini. Togliere gli anacardi tostati dalla padella e, nella stessa padella, mettere tutte le verdure con l'olio, il sale e lo zenzero grattugiato. Lasciare rosolare. Nel frattempo tagliare a striscioline la carne, infarinarla nell'amido di mais e metterla nella padella con le verdure. Unire anche gli anacardi. Rosolare la carne, poi sfumare con la salsa di soia e un po' di acqua, in modo da creare una salsina. Servire con riso bianco e la parte verde del cipollotto tritata come erba cipollina.
La polpa della zucchina che è avanzata la potete usare per un minestrone.

# TAGLIATELLE ALLA VERDI

Portata: *primo*
Tempo di preparazione:
*35 minuti*

*Ingredienti per 4 persone*
*Per le tagliatelle:*
- *250 g di farina*
- *50 g di semola di grano duro*
- *3 uova*
- *sale*

*Per il sugo:*
- *50 ml di salsa di soia*
- *250 ml di panna fresca*

*Per completare:*
- *parmigiano grattugiato qb*
- *pepe qb*

Le tagliatelle alla Verdi sono una vecchia ricetta della famiglia di mia mamma e sono fatte con un sugo di estratto di carne e panna. Per renderle un po' più moderne e "fusion" ho sostituito l'estratto di carne con la soia e il risultato è stato strepitoso! Questo primo piatto incarna alla perfezione la mia filosofia in cucina: massimo risultato con minimo sforzo! Un'avvertenza: attenzione alla salsa di soia che dà un sapore unico ma va calibrata bene, a vostro gusto. E come sempre... potete usare le tagliatelle già pronte.

Mescolare le farine con le uova e un pizzico di sale. Lavorare il tutto e poi fare riposare l'impasto per una decina di minuti avvolto nella pellicola per alimenti.
Nel frattempo, per il sugo, scaldare in padella la salsa di soia con la panna.
Tirare la pasta con il mattarello, ricavare le tagliatelle e cuocerle. Una volta pronte, ripassarle in padella con il sugo e un po' di acqua di cottura della pasta. Mantecare con il parmigiano e completare con il pepe.

# MINI SALTIMBOCCA ALLA ROMANA

Portata: *secondo*
Tempo di preparazione:
*20 minuti*

Ingredienti per 4 persone
- *300 g di fettine di vitello*
- *prosciutto crudo qb*
- *farina qb*
- *salvia qb*
- *½ bicchiere di Marsala
  secco*
- *olio extravergine*
- *sale*

**Per il piccolo Diego, cucino questi saltimbocca senza farcirli con la salvia, che aggiungo solo in cottura. A lui piacciono così!**

Assottigliare le fettine di vitello con il batticarne. Farcirle con il prosciutto, formare gli involtini e fermarli con uno stecchino.

Infarinare i saltimbocca e farli dorare in padella con l'olio e la salvia. Quando incominciano a dorare, salare e sfumare con il Marsala. Lasciare cuocere fino a che non si forma una bella cremina. Servirli subito, ben caldi.

# MEZZE MANICHE
# SALSICCIA E FRIARIELLI

Portata: *piatto unico*
Tempo di preparazione:
*25 minuti*

*Ingredienti per 4 persone*
- *1 spicchio di aglio*
- *100 g di friarielli*
- *200 g di salsiccia*
- *peperoncino qb*
- *350 g di mezze maniche*
- *olio extravergine*
- *sale*

*Per completare:*
- *80 g di ricotta*
- *olio extravergine*
- *sale*

**Questa è una pasta intensa e gustosa, che ha tutto il sapore di Napoli. È sicuramente un piatto unico e io lo arricchisco ulteriormente con una cucchiaiata di ricotta messa all'ultimo su ogni porzione.**

Rosolare l'aglio con l'olio in una padella. Aggiungere al soffritto i friarielli, il sale e mezzo bicchiere di acqua, facendo cuocere i friarielli fino a che non sono appassiti. Unire la salsiccia a pezzetti, un pizzico di peperoncino e proseguire la cottura a fuoco medio fino a quando le salsicce non sono pronte e ben insaporite. Lessare le mezze maniche, scolarle e ripassarle in padella con il sugo.
Prima di servire, mescolare la ricotta con un filo di olio e il sale, poi, aiutandosi con 2 cucchiai, formare le quenelle e appoggiarne un paio su ogni piatto.

# TROFIE CON CREMA
# DI PORRI E SPECK

Portata: *primo*
Tempo di preparazione:
*20 minuti*

*Ingredienti per 4 persone*
- *2 porri*
- *10 foglie di basilico*
- *50 g di parmigiano*
- *150 ml di panna fresca*
- *100 g di speck*
- *350 g di trofie*
- *olio extravergine*
- *pepe*

**Una pasta con un sugo cremoso reso leggero e fresco dal basilico.**

Tagliare i porri a rondelle e stufarli in padella con l'olio e mezzo bicchiere di acqua. Mettere il coperchio e farli cuocere fino a che non sono morbidi: ci vorranno circa 5 minuti. Una volta pronti, trasferirli nel vaso del mixer con il basilico, il parmigiano e la panna e frullarli.
A parte, in un'altra padella rosolare lo speck tagliato a striscioline senza aggiungere altro condimento. Nel frattempo lessare e scolare le trofie. Condirle con la salsa di porri (se il sugo risulta troppo denso, allungarlo con un po' di acqua di cottura) e lo speck croccante. Completare con il pepe.

# COSTOLETTE D'AGNELLO IMPANATE

Portata: *secondo*
Tempo di preparazione:
*35 minuti*

*Ingredienti per 4 persone*
- *4 cucchiai di parmigiano grattugiato*
- *400 g di pane casereccio*
- *rosmarino qb*
- *10 costolette di agnello*
- *1 uovo*
- *4 carciofi*
- *olio extravergine (oppure olio per friggere)*

**Un piatto goloso da mangiare rigorosamente con le mani!**

Per la panatura, frullare in un mixer il parmigiano con il pane e il rosmarino. Passare le costolette nell'uovo e poi nella panatura, schiacciandola bene per farla aderire.
Pulire i carciofi (come spiegato a pag. 126), tagliarli a fettine e impanarli allo stesso modo.
Cuocere il tutto in forno, con un filo di olio extravergine, a 200 °C per circa 10 minuti, oppure friggerli in padella in abbondante olio di semi bollente.

# ZUPPA DI NOODLES

Portata: *primo*
Tempo di preparazione:
*1 ora e 15 minuti*

*Ingredienti per 4 persone*
- *½ petto di pollo*
- *1 cipolla*
- *3-4 cipollotti*
- *la scorza di 1 lime*
  *non trattato*
- *1 sedano*
- *1 carota*
- *zenzero fresco qb*
- *peperoncino qb*
- *cannella in polvere qb*
- *250 g di noodles*
- *menta qb*
- *sale e pepe*

**Invece di comprare le zuppe già pronte al supermercato, provate a fare questa: se usate pollo già lesso e brodo di dado ci vorrà praticamente lo stesso tempo.**

Lessare il pollo nell'acqua con una cipolla e un po' di sale per un'oretta circa. Una volta pronto il brodo, prelevare il pollo e la cipolla e passare il brodo attraverso un colino per eliminare eventuali residui di carne e verdura. Rimettere il brodo in pentola, riportare a ebollizione e aggiungere i cipollotti affettati ad anelli, conservando la parte verde. Mettere anche la scorza di lime grattugiato.
Tagliare a dadini il sedano e la carota e aggiungerli alla zuppa. Unire anche lo zenzero grattugiato, il peperoncino e la cannella. Fare bollire per pochi minuti, aggiungere il pollo già bollito e sfilacciato e i noodles. Appena i noodles sono cotti spegnere la zuppa: le verdure devono restare leggermente croccanti. Servire la zuppa completando con la parte verde del cipollotto tritata, la menta e il pepe.

# CROCCANTE
# AL PISTACCHIO

*Portata: dolce*
*Tempo di preparazione:*
*20 minuti*

*Ingredienti per 6-8 persone*
- *200 g di zucchero*
- *100 g di pistacchi sgusciati*
- *la scorza di 1 arancia*
  *non trattata*

**Il segreto del gusto unico di questo croccante è la scorza di arancia grattugiata.**

Preparare 2 fogli di carta forno e un mattarello. Fare sciogliere lo zucchero con 50 ml di acqua in un pentolino, senza mescolare, a fuoco medio. Appena lo zucchero incomincia a caramellare, aggiungere i pistacchi tritati grossolanamente. Lasciare caramellare tutto mescolando delicatamente, quindi all'ultimo unire la scorza di arancia grattugiata.
Versare il croccante su un foglio di carta forno, ricoprirlo con l'altro foglio e schiacciarlo con il mattarello. Quando è ben appiattito, e prima che si indurisca del tutto, tagliare il croccante a losanghe con un coltello.

# HOT DOG CON POLPETTE

Portata: *piatto unico*
Tempo di preparazione:
*25 minuti*

*Ingredienti per 4 persone*
- *100 g di mortadella*
- *200 g di carne trita
  di maiale*
- *200 g di carne trita
  di manzo*
- *1 uovo*
- *80 g di parmigiano
  grattugiato*
- *2 fette di pane*
- *latte qb*
- *farina qb*
- *paprika qb*
- *200 ml di passata
  di pomodoro*
- *4 panini da hot dog*
- *formaggio tipo Emmental
  a piacere*
- *olio extravergine*
- *sale*

**Cosa ci può essere di più goloso di un hot dog? Un hot dog di polpette al sugo!**

Tritare nel mixer la mortadella e mescolarla con le carni macinate, l'uovo e il parmigiano creando un impasto omogeneo. Aggiungere il pane ammollato nel latte. Amalgamare tutti gli ingredienti e formare polpette poco più grandi di una noce.
Infarinare leggermente le polpette e rosolarle in padella con l'olio. Insaporirle con un po' di paprika e un pizzico di sale. Aggiungere la passata di pomodoro e completare la cottura.
Farcire i panini da hot dog con le polpette. A piacere grattugiarci sopra un po' di formaggio tipo Emmental e passarli per qualche secondo sotto il grill del forno in modo da farlo fondere.

# PETTO D'ANATRA ALL'ARANCIA

Portata: *secondo*
Tempo di preparazione:
*30 minuti*

*Ingredienti per 4 persone*
- *1 arancia non trattata*
- *1 petto d'anatra*
  *(circa 600 g)*
- *2 cucchiaini di miele*
- *1 chiodo di garofano*
- *noce moscata qb*
- *½ bicchiere di cognac*
- *olio extravergine*
- *sale e pepe*

**Amo moltissimo questo secondo perché è raffinato e sce-
nografico, ma per niente complicato.**

Ricavare le scorze dall'arancia (solo la parte arancione) e
tagliarle a bastoncino. Spremere il succo.
Rosolare il petto d'anatra in padella, con pochissimo olio,
dalla parte della pelle, per 7 minuti. Regolare di sale e pepe
e poi girarlo. Aggiungere il miele e sfumare con la spre-
muta di arancia. Schiacciare il chiodo di garofano e unirlo
al sughetto insieme alle scorze di arancia e alla noce moscata. Dopo altri 7 minuti, una volta che il sugo si è un po'
ristretto, sfumare con il cognac e continuare la cottura per
altri 3 minuti circa. Lasciare riposare la carne per qualche
minuto poi tagliarla a fettine e servirla con il suo sugo.

# PASTA DELLO SVEZZAMENTO

Portata: *primo*
Tempo di preparazione:
*20 minuti*

*Ingredienti per 4 persone*
- *500 g di spinaci*
- *100-150 g di ricotta*
- *50 g di parmigiano*
- *350 g di ditalini*
- *olio extravergine*
- *sale*

**Quante volte l'ho preparata per i miei bambini!!**

Fare appassire gli spinaci in padella con un filo di olio e un pizzico di sale. Frullarli con la ricotta, il parmigiano e un po' di acqua di cottura della pasta, quanto basta per ottenere un pesto cremoso.
Cuocere i ditalini e, una volta pronti, condirli con il pesto. Completare con un filo di olio e una spolverizzata di parmigiano.

# TORTA ALLA COCA-COLA

Portata: *dolce*
Tempo di preparazione:
*50 minuti*

*Ingredienti per 8 persone*
- *100 g di burro*
- *1 bicchiere di Coca-Cola*
- *3 cucchiai di cacao amaro*
- *50 g di marshmallow*
- *200 g di zucchero*
- *200 g di farina*
- *1 cucchiaino di lievito
  per dolci*
- *1 bustina di vanillina*
- *50 g di yogurt bianco*
- *50 ml di latte*
- *100 g di granella
  di mandorle*
- *2 uova*
- *zucchero a velo qb*
- *sale*

**Questa torta ha una consistenza e un sapore sorprendente. Il sapore della Coca-Cola scompare, ma regala un retrogusto unico.**

Scaldare il burro con la Coca-Cola e il cacao sul fuoco. Portare a bollore, aggiungere i marshmallow e fare sciogliere il tutto mescolando. A fuoco spento, aggiungere lo zucchero e poi la farina con il lievito, la vanillina e un pizzico di sale. Unire lo yogurt, il latte, la granella di mandorle e le uova. Versare l'impasto nella teglia imburrata e infarinata e cuocere per circa 30-40 minuti a 180 °C. Completare con una spolverizzata di zucchero a velo.

# PASTA ARRIMINATA

Portata: *primo*
Tempo di preparazione:
*25 minuti*

Ingredienti per 4 persone
- *½ cavolfiore*
- *4 filetti di acciuga*
- *2 spicchi di aglio*
- *1 cucchiaio di uvetta*
- *1 cucchiaio di pinoli*
- *1 bustina di zafferano*
- *350 g di sedanini*
- *pecorino grattugiato qb*
- *olio extravergine*
- *sale e pepe*

È stata Giusi, la mia amica palermitana, a farmi provare questa pasta ricca e saporita. Mi ha spiegato che *arriminare* vuole dire "mescolare", e il segreto di questa ricetta è proprio quello di arriminare, mantecare la pasta con le verdure rendendola quasi cremosa.

Lessare il cavolfiore e tenere l'acqua di cottura per cuocervi la pasta.

In una larga padella fare sciogliere le acciughe con l'olio e l'aglio a fuoco dolce. Aggiungere l'uvetta, i pinoli e il cavolfiore lesso. Rosolare a fuoco moderato e schiacciare il cavolfiore in modo che si sfaldi e si insaporisca. Sfumare con l'acqua di cottura, aggiungere anche lo zafferano, il sale e una macinata di pepe e continuare a cuocere per qualche minuto.

Lessare i sedanini nell'acqua del cavolfiore, scolarli e ripassarli in padella con il condimento, aggiungendo se necessario un po' di acqua di cottura. A fuoco spento, mantecare con il pecorino e servire.

# FINOCCHI GRATINATI SENZA BESCIAMELLA

Portata: *contorno*
Tempo di preparazione:
*20 minuti*

Ingredienti per 4 persone
- *2 finocchi*
- *½ bicchiere di latte*
- *4 cucchiai di pangrattato*
- *4 cucchiai di parmigiano grattugiato*
- *noce moscata*
- *olio extravergine*
- *sale e pepe*

**Questo contorno è uno dei miei preferiti perché è assolutamente delizioso e meravigliosamente light. Lo si può mangiare senza nessun senso di colpa! Il segreto è semplice: un goccio di latte al posto della besciamella.**

Pulire i finocchi e tagliarli a spicchi sottili. Lessarli in acqua bollente e salata fino a che non sono morbidi. Scolarli e metterli in una teglia unta di olio. Irrorarli con il latte, spolverizzare di pangrattato, parmigiano, sale, pepe e noce moscata. Aggiungere un filo di olio e cuocere in forno ventilato a 200 °C per 10 minuti. Commutare in funzione grill per gli ultimi minuti in modo da ottenere una bella crosticina.

# COTOLETTA
# ALLA MILANESE

Portata: *secondo*
Tempo di preparazione:
*20 minuti*

Ingredienti per 2 persone
- *2 nodini di vitello*
- *2 uova*
- *pangrattato qb*
- *olio per friggere*
- *sale*

Per completare:
- *pomodorini qb*
- *rucola qb*

**A casa mia la cotoletta alla milanese è uno dei piatti più amati. A dispetto della vera tradizione milanese, io le friggo nell'olio di semi per renderle più leggere.**

Battere la carne con il batticarne per assottigliarla un pochino. Ripassarla nell'uovo leggermente sbattuto e nel pangrattato. Mettere abbondante olio in padella e scaldarlo. Friggere le bistecche impanate fino a che non incomincino a dorare su entrambi i lati. Scolarle sulla carta da cucina.
Prima di servire, completare la cotoletta con i pomodorini e la rucola.

# ALI DI POLLO GLASSATE

Portata: *secondo*
Tempo di preparazione:
*40 minuti*

Ingredienti per 4 persone
- *12 ali di pollo*
- *4 cucchiai di marmellata di albicocche*
- *½ bicchiere di vino bianco*
- *1 chiodo di garofano*
- *½ cucchiaio di aglio secco*
- *sale e pepe*

**Le ali di pollo sono un vero jolly. Costano pochissimo e sono golosissime. Da mangiare rigorosamente con le mani!**

Lessare le ali di pollo in acqua bollente e salata.
Preparare la glassa scaldando in un pentolino la marmellata di albicocche con il vino bianco. Aggiungere il pepe, il chiodo di garofano e l'aglio. Versare la salsa in una ciotola, unire le ali di pollo e mescolare in modo che la glassa le ricopra bene.
Trasferire le ali di pollo glassate sulla teglia rivestita con la carta forno e cuocerle in forno per 15-20 minuti, funzione grill, fino a che non sono ben croccanti e abbrustolite.

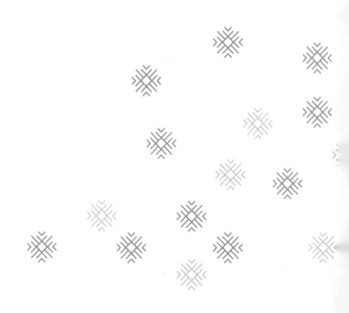

# BUONGIORNO AMORE

Portata: *dolce*
Tempo di preparazione:
*1 ora e 40 minuti
+ il raffreddamento*

Ingredienti per 20 persone
Per il cuore rosa:
- *3 uova*
- *300 g di zucchero*
- *150 g di burro*
- *180 ml di latte*
- *300 g di farina*
- *1 bustina di lievito per dolci*
- *1 cucchiaino di colorante
  rosa*

Per la ciambella al cioccolato:
- *180 g di cioccolato fondente*
- *7 uova*
- *360 g di zucchero*
- *200 g di burro*
- *200 g di farina*
- *1 bustina di lievito per dolci*
- *sale*

**È stata mia figlia Eleonora a suggerirmi l'idea di questa ciambella con il cuore rosa all'interno. È squisita e scenografica ma, vi avverto, è anche molto grande...
Ps: anche il nome è un'idea di Eleonora!**

Per il cuore rosa mescolare in una ciotola tutti gli ingredienti, partendo dalle uova con lo zucchero, aggiungendo poi il burro fuso, il latte, la farina e il lievito. In ultimo aggiungere il colorante e mescolare bene. Versare l'impasto in una teglia rettangolare foderata di carta forno e fare cuocere a 180 °C per circa 30 minuti. Lasciare raffreddare.

Per la ciambella sciogliere in un pentolino il cioccolato fondente con qualche cucchiaiata di acqua a fuoco dolcissimo. Sbattere in una ciotola le uova con lo zucchero, aggiungere il burro morbido, il cioccolato fuso, la farina, il lievito e un pizzico di sale. Mescolare bene il tutto.

Una volta che la torta rosa si è raffreddata ritagliare con un coppapasta a forma di cuore tanti cuoricini. Imburrare e infarinare uno stampo a ciambella. Versare circa un terzo dell'impasto al cioccolato, poi formare una fila unica di cuoricini nel mezzo della forma a ciambella, immersi in parte nell'impasto. Ricoprire i cuoricini con il resto dell'impasto e cuocere in forno a 180 °C per circa 45-50 minuti.

# ROAST BEEF CON SALSA ALLE MELE

Portata: *secondo*
Tempo di preparazione: *30 minuti*

Ingredienti per 3-4 persone
- *500 g di filetto di manzo*
- *burro qb*
- *olio extravergine*
- *sale e pepe*

Per la salsa:
- *3 mele*
- *3 cucchiai di zucchero di canna*
- *burro qb*
- *1 arancia non trattata*
- *noce moscata qb*
- *cannella in polvere qb*
- *1 chiodo di garofano*

**Adoro il roast beef rosato, tenero e saporito. Con la salsa di mele si sposa benissimo!**

Massaggiare la carne con una noce di burro, quindi salare e pepare tutta la superficie. Rosolarla in padella con un filo di olio, su tutti i lati. Trasferire la carne in forno statico per 10 minuti a 200 °C.

Per la salsa: sbucciare le mele e tagliarle a tocchetti. Cuocerle in un tegame con lo zucchero e una noce di burro. Sfumare con il succo di arancia. Aggiungere la scorza grattugiata, la noce moscata, un pizzico di cannella e il chiodo di garofano e lasciare cuocere fino a che non si sono completamente disfatte.

Far riposare la carne, coperta, per 10 minuti, poi tagliare il roast beef a fettine sottili e servirlo con la salsa.

# POLLO ALL'ANANAS CON RISO BASMATI

Portata: *piatto unico*
Tempo di preparazione:
*30 minuti*

Ingredienti per 4 persone
- *2 fette di ananas*
- *1 petto di pollo*
- *farina qb*
- *1 cipolla*
- *2 coste di sedano*
- *40 g di pinoli*
- *80 g di germogli di soia*
- *2-3 cucchiai di salsa di soia*
- *250 g di riso basmati*
- *olio extravergine*
- *sale*

**Un piatto etnico che si prepara con gli ingredienti del supermercato sotto casa.**

Tagliare l'ananas a tocchetti e metterlo da parte. Tagliare il pollo a bocconcini e infarinarli leggermente. Affettare la cipolla e tagliare a tocchettini il sedano.
Mettere le verdure in padella con un po' di olio e rosolarle. Aggiungere il pollo e i pinoli e fare cuocere per qualche minuto. Aggiungere l'ananas e i germogli di soia. Cuocere a fuoco medio fino a che il pollo non è a cottura. Sfumare con la salsa di soia e mezzo bicchiere di acqua. Salare e fare restringere un po' la salsa. Lessare il riso basmati e servire con il pollo.

# CROSTINI RIPIENI DI SALSICCIA E STRACCHINO

Portata: *antipasto*
Tempo di preparazione:
*20 minuti*

Ingredienti per 4 persone
- 270 g di salsiccia
- 250 g di stracchino
- 1 baguette
- rosmarino qb
- olio extravergine

**Questi crostini sono come le ciliegie. Uno tira l'altro!**

Sgranare la salsiccia e mescolarla con lo stracchino in una ciotola aiutandosi con un cucchiaio. Deve diventare un composto omogeneo. Tagliare la baguette a metà. Eliminare in entrambe le parti la mollica lasciando intatta la crosta, ci si può aiutare con le mani e un coltello.
Farcire completamente l'interno della baguette con il mix di salsiccia e formaggio. Tagliare a fette spesse un dito la baguette ripiena. Scaldare una padella unta di olio, aggiungere gli aghi di rosmarino e rosolare le fette di pane farcito su entrambi i lati fino a che il pane non è croccante e la salsiccia cotta.

# PANCAKE ALLE ARANCE CARAMELLATE

Portata: *dolce*
Tempo di preparazione:
*25 minuti*

Ingredienti per 4 persone
- *150 g di farina*
- *125 ml di latte*
- *125 g di yogurt bianco*
- *1 uovo*
- *3 cucchiai di zucchero*
- *1 cucchiaino di lievito
  per dolci*
- *burro qb*
- *2 arance non trattate*

**Una colazione così rende perfetta ogni giornata!**

Mescolare la farina con il latte e lo yogurt in una ciotola capiente. Aggiungere l'uovo, un cucchiaio di zucchero e il lievito e amalgamare il tutto con una frusta a mano. Ungere un padellino con poco burro, una volta sciolto versare un mestolino di impasto, farlo solidificare e poi girarlo in modo da cuocerlo su entrambi i lati. Continuare così fino a esaurimento della pastella.

Per lo sciroppo: spremere il succo di un'arancia e versarlo in un padellino con lo zucchero rimanente. Aggiungere anche la scorza grattugiata. Cuocere a fuoco medio fino a che non incomincia a caramellare. Spegnere, in modo da ottenere uno sciroppo.

A parte, pelare a vivo l'altra arancia (cioè sbucciarla con un coltello ben affilato togliendo anche la parte bianca e lasciando solo la polpa). Tagliarla a rondelle.

Servire i pancake con le fette di arancia e lo sciroppo.

# BAKING SODA BREAD

Portata: *antipasto o dolce*
Tempo di preparazione:
*35 minuti*

*Ingredienti per 6 persone*
- *400 g di farina*
- *30 g di zucchero*
- *1 cucchiaino di bicarbonato
  di sodio*
- *360 g di yogurt bianco*
- *1 cucchiaino di sale*

**Questo pane è una vera rivelazione. Non bisogna attendere che lieviti ed è assolutamente squisito. Potete provare ad arricchire l'impasto con salmone affumicato o gocce di cioccolato, infatti si adatta bene sia al dolce sia al salato.**

Mescolare in una ciotola la farina, lo zucchero, il sale e il bicarbonato. Aggiungere lo yogurt e mescolare velocemente. L'impasto che si ottiene è abbastanza appiccicoso, non lavorabile con le mani. Foderare una forma da plumcake con la carta forno, versare l'impasto e cuocere in forno a 180 °C per mezz'ora circa. Se la parte superiore del pane diventa troppo scura, coprire con la stagnola e completare la cottura.

# TORTA DELLA NONNA RIVISITATA

Portata: *dolce*
Tempo di preparazione:
*1 ora e 10 minuti
+ il raffreddamento*

*Ingredienti per 10 persone
Per la pasta frolla:*
- *125 g di farina*
- *1 cucchiaio di zucchero*
- *60 g di burro*
- *1 uovo*

*Per la crema:*
- *8 tuorli*
- *190 g di zucchero
  1 cucchiaio di farina*
- *i semi di 1 bacca di vaniglia*
- *750 ml di panna fresca*
- *30 g di pinoli*

**Questa torta squisita, delicata e irresistibile arriva dal ristorante Vecchia lira di Milano. Ringrazio Matteo Merletti, il giovane e talentuoso chef che me l'ha regalata.**

Per la crosta di pasta frolla, mettere in una ciotola la farina, unire lo zucchero e il burro freddo tagliato a pezzetti, impastare fino ad avere un composto sbricioloso, poi unire l'uovo e lavorare ancora velocemente per ottenere una palla omogenea di impasto. Avvolgerla nella pellicola per alimenti e lasciarla in frigo mentre si prepara la crema.

In un pentolino sbattere i tuorli con lo zucchero, la farina e i semi della bacca di vaniglia. Unire la panna e portare quasi a bollore sempre mescolando. Appena inizia a fremere prima di bollire spegnere e lasciare intiepidire. Togliere l'impasto dal frigo, stenderlo molto sottilmente e foderare una tortiera ricoperta di carta forno. Versare la crema al suo interno. Cuocere a 170 °C per circa 50 minuti. 5-10 minuti prima di sfornare aggiungere i pinoli.

# PRI
# MA
# VE
# RA

BENEDETTA

*tutto* L'ANNO

# PASQUA

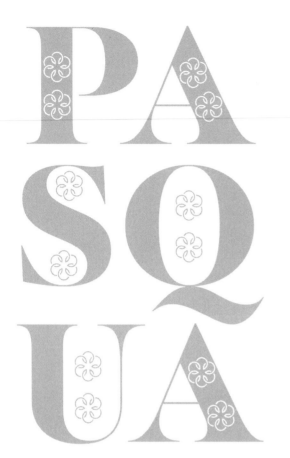

## CARO DIARIO,

senza rendermene nemmeno conto siamo già arrivati a Pasqua! Tutto è fiorito, l'aria è tiepida e profumata e io come sempre ho deciso di celebrare questa festa all'aperto, nel patio di casa a Milano insieme agli amici più cari. Quest'anno, poi, c'erano anche Luca e Marco, i gemellini della mia cara amica Giusi... Sono particolarmente felice perché tra pochi mesi sarò la madrina del piccolo Luca, quindi ho approfittato dell'occasione per coccolarlo e pasticciarlo un po'! Questo però non mi ha impedito di allestire un mega buffet: a Pasqua da noi si mangia in piedi in maniera informale e golosa. Per i bimbi ho prepa-

rato gli hot dog con il pane fatto da me,
per i grandi pasta al forno e l'immancabile abbacchio con carciofi e patate,
un piatto eccezionale a cui mio marito,
da buon romano, non può rinunciare.
Un altro classico sono le uova ripiene,
mentre il dessert cambia ogni anno:
accanto alle uova di cioccolato e alla
colomba, questa volta ho preparato
delle gelatine alla fragola con panna
che hanno riscosso un grande successo. Adoro la Pasqua: sento che ormai
l'estate è alle porte e le vacanze sono
vicine!

PASQUA

# UOVA E POMODORI RIPIENI

Portata: *antipasto*
Tempo di preparazione:
*20 minuti*

*Ingredienti per 6 persone*
- *6 uova*
- *160 g di tonno sott'olio sgocciolato*
- *50 g di maionese*
- *12 pomodorini*
- *capperi qb*

Lessare le uova per 10 minuti. Passarle sotto l'acqua fredda e sgusciarle. Dividerle in 2, estrarre i tuorli sodi e metterli in una ciotola insieme al tonno e alla maionese. Mescolare fino a ottenere un composto cremoso. Tagliare i pomodorini a metà. Riempire con la farcia le uova e i pomodorini tagliati a metà. Completare con un cappero e servire.

# TORTA DI FIORI DI ZUCCA

Portata: *secondo*
Tempo di preparazione:
*50 minuti*

Ingredienti per 6 persone
- *3 zucchine*
- *1 scalogno*
- *4 tuorli*
- *500 ml di panna fresca*
- *50 g di parmigiano grattugiato*
- *1 rotolo di pasta brisée*
- *4-5 fiori di zucca*
- *olio extravergine*
- *sale e pepe*

Tagliare le zucchine a rondelle e farle rosolare in padella con lo scalogno tritato e un po' di olio.

Preparare una crema mescolando tuorli e panna, salare, pepare, unire il parmigiano e le zucchine con lo scalogno.

Stendere la base di brisée nella teglia. Versare la crema e sistemare sopra i fiori di zucca belli aperti, precedentemente lavati. Cuocere in forno a 180 °C per 40 minuti circa.

# TORTA DI ASPARAGI

Portata: *secondo*
Tempo di preparazione:
*1 ora*

Ingredienti per 6 persone
- *1 mazzo di asparagi*
- *1 scalogno*
- *4 tuorli*
- *500 ml di panna fresca*
- *50 g di parmigiano grattugiato*
- *1 rotolo di pasta brisée*
- *granella di pistacchi qb*
- *olio extravergine*
- *sale e pepe*

Pulire gli asparagi ed eliminare la parte più dura del gambo. Lessarli per 5 minuti in acqua bollente salata. Scolarli. Tagliarli a una lunghezza di circa 12 cm dalla punta, poi tagliare il resto del gambo a pezzetti. Tritare lo scalogno e metterlo a soffriggere in un po' di olio con i pezzetti di gambo di asparago.

Preparare una crema mescolando tuorli e panna, salare, pepare, unire il parmigiano e il soffritto di asparagi e scalogno. Stendere la base di brisée nella teglia. Versare la crema e sistemare sopra le punte degli asparagi. Completare con la granella di pistacchi e cuocere in forno a 180 °C per 40 minuti circa.

# PASTA AL FORNO
# CARCIOFI E BESCIAMELLA

Portata: *primo*
Tempo di preparazione:
*40 minuti*

Ingredienti per 4 persone
- *3 carciofi*
- *1 spicchio di aglio*
- *250 g di tortiglioni*
- *200 g di prosciutto di Praga*
- *500 ml di besciamella*
- *100 g di parmigiano*
  *grattugiato*
- *burro qb*
- *olio extravergine*
- *sale e pepe*

Pulire i carciofi (come spiegato a pag. 126) e affettarli sottilmente. Pulire e utilizzare anche i gambi. In padella cuocere i carciofi con olio, aglio e il sale. Aggiungere una cucchiaiata di acqua e farli rosolare fino a che non si sono ammorbiditi.

Lessare i tortiglioni in acqua salata e scolarli molto al dente. Tagliare a cubetti il prosciutto. Mescolare la pasta in una ciotola con la besciamella, i carciofi, il prosciutto e metà del parmigiano. Versare in una pirofila, spolverizzare con il restante parmigiano, pepe e qualche fiocchetto di burro e gratinare in forno a 200 °C per 10-15 minuti, fino a che la superficie non è ben croccante e dorata.

PASQUA

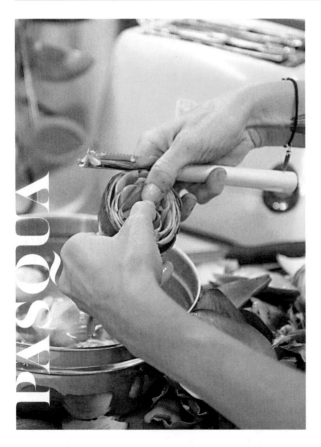

# HOT DOG

Portata: *secondo*
Tempo di preparazione:
*2 ore*

*Ingredienti per 10 persone*
- *40 g di lievito di birra fresco*
  *(oppure 20 g di lievito di birra*
  *disidratato)*
- *450 ml di latte + qb*
  *per spennellare*
- *2 uova*
- *60 g di burro*
- *1 kg di farina 00*
- *70 g di zucchero*
- *25 g di sale*
- *20 würstel grandi*
- *salse a piacere*

Sciogliere il lievito nel latte tiepido, poi unire le uova e il burro sciolto. Mettere la farina in una ciotola e aggiungere il composto liquido. Aggiungere anche lo zucchero e in ultimo il sale e impastare per 10 minuti circa a mano oppure con la planetaria. Lasciare il composto coperto per almeno un'ora nel forno spento o a 30 °C. in modo che lieviti raddoppiando il suo volume. Dividerlo in 20 palline della stessa grandezza e dare loro la forma allungata dei panini da hot dog, ben lisci in superficie. Sistemarli sulla placca del forno e spennellarli con il latte. Se c'è tempo lasciarli lievitare per un'altra mezz'ora, altrimenti infornarli subito. Cuocere in forno ventilato a 180 °C per 15–20 minuti, finché non sono dorati.
Lessare i würstel. Fare intiepidire i panini, farcirli con salse e würstel e servire.

# ABBACCHIO

Portata: *secondo*
Tempo di preparazione:
*1 ora e 30 minuti*

Ingredienti per 6 persone
- *500 g di patate*
- *1.5 kg di agnello già tagliato
  in pezzi*
- *2 spicchi di aglio*
- *rosmarino qb*
- *4 carciofi*
- *1 bicchiere di vino bianco*
- *olio extravergine*
- *sale e pepe*

Disporre sulla placca coperta di carta forno le patate sbucciate e tagliate a pezzi grossi. Strofinare l'abbacchio con uno spicchio di aglio tagliato a metà e sistemare i pezzi di carne insieme alle patate sulla placca. Unire anche gli spicchi di aglio e il rosmarino e irrorare con olio.

Pulire i carciofi (come spiegato a pag. 126) e metterli interi nella placca insieme al resto. Salare, pepare, unire il vino e cuocere in forno preriscaldato a 180 °C per circa un'ora. Dopo la prima mezz'ora, girare la carne e i carciofi e coprire con la stagnola. Passata l'ora togliere la stagnola, commutare il forno in funzione ventilata e fare arrostire bene la carne, così le patate e la pelle dell'abbacchio diventeranno più croccanti. Servire direttamente dalla placca del forno.

PASQUA

PASQUA

# GELATINA DI FRAGOLE CON PANNA

Portata: *dolce*
Tempo di preparazione:
*15 minuti + il raffreddamento*

Ingredienti per 4 persone
- 20 g di colla di pesce
- 200 g di zucchero
- 1 pizzico di cannella
  in polvere
- 1 bustina di vanillina
  (oppure i semi di 1 bacca
  di vaniglia)
- 300 g di fragole
- panna montata qb

Ammollare in acqua fredda la colla di pesce. Mettere a bollire 300 ml di acqua con lo zucchero, la cannella e la vanillina. Una volta a bollore spegnere il fuoco, scioglierci dentro la colla di pesce, unire le fragole e frullare con il frullatore a immersione. Versare la gelatina nei bicchierini e mettere a raffreddare in frigo per almeno 4 ore. Servire completando con un ciuffo di panna.

# CIAMBELLA DI PASQUA

Portata: *dolce*
Tempo di preparazione:
*1 ora e 30 minuti*

*Ingredienti per 12 persone*
- *5 uova*
- *300 g di zucchero*
- *250 g di burro*
- *250 ml di latte*
- *500 g di farina*
- *1 bustina di lievito per dolci*
- *1 bustina di vanillina*
- *sale*

Lavare le uova. Praticare un piccolo foro nel guscio con un coltello appuntito, poi aiutandosi con uno stecchino di legno fare uscire tutto il contenuto e raccoglierlo in una ciotola. Ripetere l'operazione con tutte le uova. Unire alle uova lo zucchero, sbattere energicamente, aggiungere il burro sciolto, il latte e mescolare ancora. Incorporare infine la farina con il lievito, la vanillina e un pizzico di sale e mescolare bene per ottenere un impasto senza grumi. Con un cucchiaio o una siringa da pasticciere riempire i gusci delle uova per ¾ di impasto. Mettere il resto nella forma della ciambella imburrata e infarinata. Cuocere le uova per circa 15 minuti e la torta per 25 minuti in forno a 180 °C. Servire le uova mezze sgusciate e mezze no all'interno del buco della ciambella. Anche questa torta così originale è merito di Eleonora!

# CARBONARA DI ASPARAGI

Portata: *primo*
Tempo di preparazione:
*20 minuti*

*Ingredienti per 4 persone*
- *1 scalogno*
- *1 mazzo di asparagi*
- *350 g di farfalle*
- *2 uova*
- *50 g di pecorino
  grattugiato*
- *prezzemolo qb*
- *olio extravergine*
- *sale e pepe*

**Uova e asparagi: il connubio perfetto anche nella pasta.**

Tritare lo scalogno e rosolarlo con l'olio. Aggiungere al soffritto i gambi degli asparagi puliti e tagliati a tocchetti. Salare. Cuocere la pasta e, a metà cottura, unire le punte di asparagi.
A parte, sbattere le uova con il pecorino e il pepe. Quando la pasta è pronta, scolarla e ripassarla in padella con gli asparagi e un po' di acqua di cottura. A fuoco spento, mantecare con le uova. Completare con il pepe e con una fogliolina di prezzemolo.

# SEPPIE IN ROSSO CON RISO

Portata: *piatto unico*
Tempo di preparazione:
*40 minuti*

Ingredienti per 4 persone
- *400 g di seppioline*
  *già pulite (vanno bene*
  *anche surgelate)*
- *1 cipolla rossa*
- *250 ml di passata*
  *di pomodoro*
- *peperoncino qb*
- *prezzemolo qb*
- *250 g di riso*
- *olio extravergine*
- *sale*

**Se vi piacciono, a metà cottura potete aggiungere i piselli. Con questa stessa salsa potete cuocere anche il pollo o il merluzzo.**

Tagliare le seppioline ad anelli tenendo interi i ciuffetti. Affettare la cipolla ad anelli e rosolarla in un tegame con l'olio.
Unire le seppie, farle rosolare per qualche minuto poi aggiungere la passata di pomodoro, 250 ml di acqua, un pizzico di sale (poco, perché le seppie sono già saporite) e peperoncino a piacere. Completare con il prezzemolo e lasciare cuocere per circa 30 minuti o comunque fino a quando il sugo non si è ristretto e le seppie sono diventate tenerissime. Lessare il riso e servirlo accanto alle seppie.

# COLESLAW: INSALATA
# DI CAVOLO E CAROTE

Portata: *contorno*
Tempo di preparazione:
*15 minuti*

*Ingredienti per 4-6 persone*
- *400 g di cavolo bianco
  (circa ¼ di cavolo)*
- *2 carote (circa 250 g)*
- *sale*

*Per la salsa:*
- *230 g di yogurt bianco*
- *1 cucchiaio e ½ di senape*
- *2 cucchiai di maionese
  (facoltativo)*
- *1 cucchiaio di zucchero*

**Questa è la classica insalata che in America si serve come contorno nei ristoranti. È leggermente dolce, ma con una consistenza fresca e croccante. Io la adoro. È buona anche senza maionese, se volete essere più light.**

Affettare sottilmente il cavolo e tagliare a julienne le carote. Raccogliere il tutto in una ciotola e condire con un pizzico di sale.

Per la salsa, mescolare in un'altra ciotola yogurt, senape, maionese e zucchero fino a ottenere una crema omogenea. Meglio assaggiare per regolare il sapore a seconda del proprio gusto personale. Versare la salsa nell'insalata di cavolo prima di portare in tavola e mescolare bene. La salsa deve essere cremosa e abbondante.

# MUFFIN AI LAMPONI
# E ZUCCHERO DI CANNA

Portata: *dolce*
Tempo di preparazione:
*30 minuti*

Ingredienti per 8-10 persone
- *250 g di zucchero di canna*
- *2 uova*
- *150 g di burro*
- *350 g di farina + qb*
  *per i lamponi*
- *1 cucchiaino di lievito*
  *per dolci*
- *cannella in polvere qb*
- *200 g di lamponi*

Per la panna acida:
- *350 ml di panna fresca*
- *il succo di ½ limone*

Per completare:
- *zucchero di canna qb*
- *zucchero a velo qb*

**Un muffin a colazione renderà più dolce tutta la vostra giornata!**

Per ottenere la panna acida mescolare la panna con il succo di limone e lasciare riposare per qualche minuto.
A parte, in un'ampia ciotola sbattere lo zucchero con le uova, aggiungere il burro fuso e mescolare ancora. Unire la panna acida e infine la farina, con il lievito e la cannella. Mescolare fino a ottenere un impasto omogeneo.
Spolverizzare i lamponi con la farina e unirli all'impasto mescolando molto delicatamente per non romperli. Distribuire l'impasto negli stampi foderati con i pirottini di carta per muffin.
Completare cospargendoli con lo zucchero di canna e cuocerli a 200 °C per circa 20 minuti.
Servire con lo zucchero a velo e qualche lampone fresco.

# SPAGHETTI TONNO E LIME

Portata: *primo*
Tempo di preparazione:
*15 minuti*

*Ingredienti per 4 persone*
- *2 spicchi di aglio*
- *peperoncino qb*
- *4-5 filetti di acciuga*
- *300 g di tonno sott'olio
  sgocciolato*
- *350 g di spaghetti*
- *burro qb*
- *50 g di parmigiano
  grattugiato*
- *1 lime non trattato*
- *prezzemolo qb*
- *olio extravergine*
- *sale e pepe*

**La pasta con il tonno è un vero classico. Questa versione
vi stupirà!**

Fare soffriggere l'aglio con l'olio, il peperoncino e le acciughe fino a che non si sono sciolte. Aggiungere il tonno
spezzettato e farlo insaporire.
Lessare la pasta in acqua salata. Allungare il sughetto con
un mestolo di acqua di cottura.
Scolare gli spaghetti e saltarli in padella con il sugo insa-
porendoli per bene. A fuoco spento, aggiungere il burro,
il parmigiano, il succo del lime e un po' della sua scorza
e il prezzemolo tritato. Mantecare per un minuto circa e
servire. Completare con una macinata di pepe.

# BURGER CUP

Portata: *antipasto*
Tempo di preparazione:
*1 ora*

*Ingredienti per circa 12 cup*
- *400 g di pasta per la pizza*
- *350-400 g di carne trita di manzo*
- *3 cucchiai di ketchup*
- *1 cucchiaio di senape*
- *1 cucchiaio di salsa Worcester*
- *2 cucchiai di zucchero*
- *4 sottilette*
- *olio extravergine*
- *sale*

**La carne aromatizzata in questa maniera è semplicemente irresistibile. Questi Burger Cup, se è possibile, sono ancora più buoni dei classici hamburger!**

Fare lievitare la pasta per la pizza almeno per 40 minuti. Mescolare in una ciotola la carne con tutti gli altri ingredienti, eccetto le sottilette, e mescolare bene.
Stendere la pasta per la pizza con le mani o con il mattarello ottenendo una sfoglia alta circa 1 cm. Ritagliarla con il bordo di un bicchiere in tanti dischi. Ungere le forme da muffin di olio e rivestirle con la pasta. Riempire ogni cup di carne, cuocere per 8 minuti a 180 °C, aggiungere le sottilette a pezzetti e poi cuocere per altri 3 minuti.

# CARPACCIO
# CON LE ZUCCHINE

Portata: *secondo*
Tempo di preparazione:
*15 minuti*

*Ingredienti per 4 persone*
- *230 g di stracchino*
- *3 tuorli*
- *½ limone non trattato*
- *latte qb (facoltativo)*
- *1-2 zucchine*
- *farina qb*
- *300 g di carpaccio di manzo*
- *olio per friggere*
- *sale*

**A casa mia siamo tutti ghiotti di carne cruda. Per questo mi diverto a inventare sempre nuovi modi per proporla.**

Nel bicchiere del frullatore a immersione mettere lo stracchino con i tuorli, un pizzico di sale, il succo e la scorza di limone. Incominciare a frullare. Aggiungere poco per volta acqua o latte per ottenere una crema morbida e omogenea della consistenza di una besciamella.

Con la grattugia a fori larghi per le carote grattugiare le zucchine, raccoglierle in un piatto e infarinarle. Scaldare una padella con abbondante olio di semi per friggere. Quando è bollente, immergerci le zucchine e friggerle per pochi secondi fino a che non sono croccanti e dorate. Scolarle con la schiumarola e lasciarle sulla carta da cucina ad asciugare. Salarle. Servire il carpaccio di carne con la salsa e le chips di zucchine.

# LASAGNE ALLA GENOVESE

Portata: *primo*
Tempo di preparazione:
*45 minuti*

Ingredienti per 4 persone
- *200 g di lasagne fresche*
  *all'uovo*
- *2 patate lesse*
- *250 g di fagiolini lessi*
- *parmigiano grattugiato qb*
- *pangrattato qb*
- *olio extravergine*
- *500 ml di besciamella*
  *pronta, oppure*

Per la besciamella:
- *50 g di burro*
- *50 g di farina*
- *500 ml di latte*
- *noce moscata qb*
- *sale*

- *300 g di pesto pronto,*
  *oppure*

Per il pesto:
- *25 g di basilico*
- *25 g di pinoli*
- *1 spicchio di aglio*
- *50 g di pecorino*
- *50 g di parmigiano*
- *olio extravergine*
- *sale*

**Queste lasagne sono arricchite dalle patate e dai fagiolini, per un gusto e una consistenza unici.**

Per la besciamella: fare sciogliere il burro in un pentolino. Aggiungere la farina e farla tostare. Versare il latte, un po' alla volta, continuando a mescolare. Aggiungere il sale e la noce moscata e aspettare che la crema si addensi, sempre continuando a mescolare.

Per il pesto: frullare in un mixer tutto insieme: il basilico, i pinoli, l'aglio, il pecorino, il parmigiano e il sale. Aggiungere gradatamente l'olio fino a ottenere la consistenza desiderata per il pesto.

Mescolare il pesto con la besciamella. Sporcare la teglia delle lasagne con un po' di questa crema. Assemblare la lasagna alternando un foglio di sfoglia, besciamella al pesto, patate lesse tagliate a rondelle sottili, fagiolini lessi, parmigiano. Completare l'ultimo strato con besciamella, un po' di patata lessa schiacciata con lo schiacciapatate, condire con altro parmigiano, pangrattato e un filo di olio. Cuocere a 180 °C per circa 20 minuti.

# SALATINI PIZZETTE

Portata: *antipasto*
Tempo di preparazione:
*20 minuti*

Ingredienti per 4 persone
- *100 g di stracchino*
- *60 g di parmigiano
  grattugiato*
- *1 rotolo di pasta sfoglia*
- *4 fette di bacon*
- *1 cespo di radicchio*
- *1 scalogno*
- *sale*

**I salatini pizzetta per me sono un must dell'aperitivo. Velocissimi e golosi, mi fanno sempre fare una gran figura. Sono buonissimi anche semplicemente con una cucchiaiata di passata di pomodoro, un cubetto di Emmental e un po' di origano, sale e olio.**

Mescolare lo stracchino con il parmigiano. Ritagliare dei dischi di pasta sfoglia e rivestire gli stampi da muffin già imburrati. Bucherellare le pizzette e farcirle con un cucchiaino di crema di formaggi. Cuocere a 200 °C per circa 10 minuti. Intanto, rosolare in padella il bacon. Una volta pronto, metterlo da parte e, nella stessa padella, stufare il radicchio tritato con lo scalogno tritato. Salare. Sfornare le pizzette e completare con il radicchio e il bacon.

# GIRANDOLE

Portata: *dolce*
Tempo di preparazione:
*15 minuti*

*Ingredienti per 6 persone*
*- 1 rotolo di pasta sfoglia*
*- 6 albicocche sciroppate*
*- 1 tuorlo*
*- zucchero qb*

**Un dolce perfetto per la colazione, leggermente asprigno, leggero, velocissimo da preparare.**

Ritagliare 6 quadrati dal rotolo di pasta sfoglia (se in casa ho quella rotonda, io ne ritaglio 4, poi rimpasto gli avanzi di sfoglia per ricavarne altri 2). Nel mezzo di ogni quadrato mettere un'albicocca sciroppata. Praticare su ogni quadrato 4 tagli partendo dai vertici fino all'albicocca. Rigirare le 4 sezioni unendo i vertici al centro dell'albicocca e formando delle eliche. Spennellare con il tuorlo sbattuto e spolverizzare di abbondante zucchero. Cuocere in forno a 190 °C per circa 10 minuti.

# PAPPARDELLE CON FAVE E PISELLI

Portata: *primo*
Tempo di preparazione:
*20 minuti*

Ingredienti per 4 persone
- *120 g di pancetta a cubetti*
- *1 cipolla*
- *150 g di fave surgelate*
- *200 g di piselli surgelati*
- *250 g di pappardelle (4 nidi)*
- *pecorino grattugiato qb*
- *olio extravergine*
- *sale*

**Il piatto della primavera per eccellenza.**

Rosolare la pancetta in padella con poco olio e la cipolla. Aggiungere le fave e i piselli, ancora surgelati, e un mestolo di acqua. Salare e lasciare rosolare fino a che i legumi non si sono ammorbiditi.
Lessare le pappardelle, scolarle e ripassarle in padella con il sugo. A fuoco spento, mantecare con il pecorino e un po' di acqua di cottura della pasta.

# FOCACCINE GOLOSE

Portata: *dolce*
Tempo di preparazione:
*20 minuti*

*Ingredienti per 6 persone*
- *400 g di farina*
- *1 bustina di lievito per dolci*
- *1 cucchiaio di zucchero*
- *125 g di yogurt bianco*
- *burro di arachidi qb*
- *marmellata di fragole qb*
- *fragole fresche qb*
- *sale*

**La ricetta della mia amica Giusi Battaglia è infallibile, queste focaccine si cuociono in padella e sono squisite sia farcite con la marmellata sia con il salmone e la panna acida.**

In una ciotola unire la farina, il lievito, il sale, lo zucchero, lo yogurt e 40 ml di acqua. Impastare con le mani fino a ottenere un panetto plastico e omogeneo. Stendere l'impasto con il mattarello in una sfoglia alta circa 1 cm. Ritagliare dei dischi con il coppapasta o con il bordo di un bicchiere. Scaldare una padella antiaderente e cuocere le focaccine per pochi minuti su entrambi i lati con il coperchio.
Una volta pronte, aprirle a metà, spalmare burro di arachidi e marmellata e farcire con qualche fettina di fragola.

# ASPARAGI CROCCANTI CON UOVO POCHÉ

Portata: *secondo*
Tempo di preparazione:
*25 minuti*

*Ingredienti per 4 persone*
- *8 asparagi*
- *2 uova*
- *100 g circa di pangrattato*
- *50 g circa di parmigiano grattugiato*
- *olio extravergine*
- *sale*

*Per l'uovo poché:*
- *4 uova*
- *olio extravergine*
- *sale*

**Gli asparagi impanati sono una vera golosità. Questo è un piatto da chef che vi farà fare un figurone!**

Pulire gli asparagi eliminando la parte dura in fondo. Sbollentarli per 2 minuti, devono rimanere molto croccanti. In una ciotola sbattere le uova e in un'altra mescolare parmigiano e pangrattato. Rovesciare questo mix su un tagliere. Prendere ogni asparago, immergerlo nell'uovo, poi rotolarlo nel mix di pangrattato e parmigiano impanandolo bene. Sistemarli impanati sulla placca e completare con un filo di olio e il sale. Cuocere in forno ventilato a 200 °C per qualche minuto. Se necessario, per rendere la panatura croccante si può usare il grill.
Per l'uovo poché: foderare una ciotola con la pellicola per alimenti, ungerla di olio e romperci dentro l'uovo. Salare. Formare il fagottino di pellicola e chiuderlo bene. Immergere l'uovo in acqua a bollore per 4 minuti. Toglierlo dall'acqua, liberare l'uovo dalla pellicola e servirlo sopra gli asparagi. Ripetere con ogni uovo.

# POLPETTE DI TROTA SALMONATA

Portata: *antipasto*
Tempo di preparazione:
*30 minuti*

*Ingredienti per 4 persone*
- *400 g di patate dolci*
- *160 g di trota salmonata*
- *½ lime non trattato*
- *½ cucchiaio di paprika*
- *erba cipollina qb*
- *1 uovo*
- *olio extravergine*
- *sale*

*Per la panatura:*
- *farina qb*
- *1 uovo*
- *pangrattato qb*

**Per un aperitivo o per una cena, sono sempre un'idea vincente. La patata dolce poi è molto meno calorica della patata bianca ed è ricca di proprietà nutritive.**

Lessare le patate dolci. Rosolare in padella la trota salmonata con un goccio di olio, va bene se si spezzetta. Trasferire in una ciotola con la patata dolce sbucciata e tagliata a tocchetti (deve essere ancora calda, così si amalgama con gli altri ingredienti), il succo e la scorza di lime. Schiacciare il tutto con la forchetta. Salare e aromatizzare con la paprika e l'erba cipollina. Aggiungere l'uovo e mescolare. Formare le polpette, ripassarle nella farina, poi nell'uovo e nel pangrattato. Rosolarle in padella con l'olio fino a che non diventano dorate.
Queste polpette sono un antipasto ideale, ma se si preferisce servirle come un secondo, raddoppiare le dosi.

# CROSTATA DI NUTELLA, RICOTTA E FRAGOLE

Portata: *dolce*
Tempo di preparazione:
*40 minuti*
*+ il raffreddamento*

Ingredienti per 8 persone
*Per la frolla:*
- *300 g di farina*
- *80 g di burro*
- *40 g di zucchero*
- *180 g di Nutella*
- *1 uovo*
- *sale*

*Per la farcia:*
- *400 g di ricotta*
- *200 g di zucchero*
- *8-10 fragole*

**Un guscio croccante racchiude una crema fresca e profumata di fragole.**

Per la frolla: mescolare nel mixer la farina con il burro, lo zucchero, un pizzico di sale e la Nutella. Azionare il mixer fino a che non si ottiene un impasto sbricioloso. Aggiungere l'uovo e frullare ancora fino a formare una palla. Stendere l'impasto con il mattarello sopra la carta forno. Foderare una tortiera lasciando sotto la carta forno, e bucherellarlo un po'. Cuocerlo in forno a 180 °C per circa 20-25 minuti e farlo raffreddare.
Per la farcia: mescolare la ricotta con lo zucchero e le fragole tagliate a pezzetti. Farcire il guscio di frolla con questa crema.

# PANCAKE DI FARINATA

Portata: *secondo*
Tempo di preparazione:
*30 minuti*

Ingredienti per 4 persone
- 200 g di farina di ceci
- 50 g di farina di mais
  fioretto
- 1 cipolla rossa
- 1-2 zucchine
- 2-3 foglie di salvia
- olio extravergine
- sale e pepe

**Perfetti per chi non può mangiare il glutine.**

Mescolare le farine con un cucchiaino raso di sale e aggiungere poco per volta 300 ml di acqua continuando a mescolare in modo da ottenere una pastella senza grumi. Affettare la cipolla e rosolarla in un padellino con l'olio. Grattugiare le zucchine con la grattugia a fori larghi e unirle al soffritto. Cuocere per qualche minuto. Salare e aggiungere la salvia spezzettata. Quando le zucchine sono ben rosolate, unire il tutto alla pastella. Completare con una macinata di pepe.
Ungere la padella con l'olio, versare una cucchiaiata di composto e fare addensare dolcemente. Girare il pancake facendolo cuocere su entrambi i lati. Proseguire fino a esaurimento della pastella.

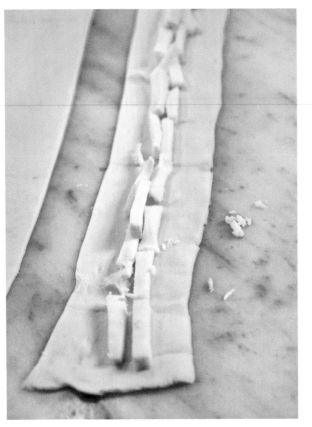
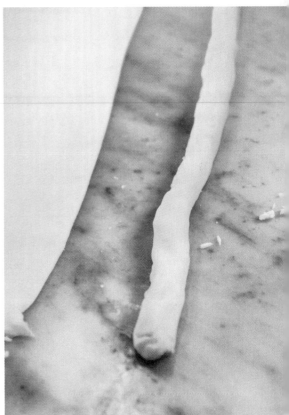

# PIZZA BREZEL

Portata: *antipasto*
Tempo di preparazione:
*25 minuti*

*Ingredienti per 4 persone*
- *1 sfoglia già stesa di pasta per la pizza*
- *1 mozzarella per pizza (non la useremo tutta)*
- *2 cucchiai di passata di pomodoro*
- *2 cucchiai di parmigiano grattugiato*
- *semi di sesamo qb*
- *olio extravergine*
- *sale*

**Un'altra invenzione un po' folle, ma deliziosa, della mia Eleonora!**

Ritagliare una striscia di pasta per la pizza larga circa 3 dita. Tagliare la mozzarella a bastoncini spessi un dito e posizionarli nel centro della striscia. Chiudere l'impasto formando un salsicciotto ripieno di mozzarella. Sigillare bene il bordo in modo che il formaggio non fuoriesca. Dare al salsicciotto la forma del brezel, spennellarlo di passata di pomodoro leggermente salata, poi di olio e infine spolverizzare con il parmigiano e i semi di sesamo. Ripetere l'operazione creando altri brezel fino a esaurimento degli ingredienti.
Mettere su una placca ricoperta di carta forno e cuocere in forno ventilato a 180 °C per circa 10-15 minuti. Servire tiepidi o caldi.

# TARTARE DI MANZO

Portata: *secondo*
Tempo di preparazione:
*20 minuti*

*Ingredienti per 1 persona*
- *150 g di carne magra
  di manzo*
- *½ cipollotto*
- *¼ di avocado*
- *succo di limone qb*
- *olio extravergine*
- *sale e pepe*

*Per la salsa:*
- *100 g di maionese*
- *1 cucchiaio di crema
  di rafano*
- *½ cucchiaio di senape*

**La carne cruda si sposa perfettamente con l'avocado e con il piccante del rafano nella salsa. Questo piatto è un perfetto gioco di equilibri!**

Tritare al coltello la carne riducendola in una tartare e metterla in una ciotola. Tritare anche il cipollotto e unirlo alla carne. Tagliare a cubetti l'avocado e aggiungerlo al resto degli ingredienti. Condire con il sale, l'olio, il limone e un pizzico di pepe. Dare la forma alla tartare, utilizzando un coppapasta oppure semplicemente modellando la forma con le mani.
A parte, preparare la salsa mescolando la maionese con la crema di rafano e la senape. Servire la tartare con accanto la salsa.

# COOKIES CON CUORE MORBIDO

Portata: *dolce*
Tempo di preparazione:
*25 minuti*

*Ingredienti per 4-6 persone*
- *120 g di farina*
- *100 g di zucchero*
- *100 g di burro*
- *1 bustina di lievito per dolci*
- *1 bustina di vanillina*
- *1 uovo*
- *Nutella qb*
- *zucchero a velo qb*
- *sale*

**Semplicemente irresistibili!**

Mescolare la farina con lo zucchero, il burro, il lievito, la vanillina e un pizzico di sale fino a ottenere un composto sbricioloso. Aggiungere l'uovo e impastare in modo da ottenere una palla.

Ritagliare delle palline, schiacciarle un po' nel mezzo e farcirle con la Nutella, riformando poi le palline. Sistemarle nella teglia coperta con la carta forno e cuocere i cookies a 180 °C per 10 minuti circa.

Servirli spolverizzati di zucchero a velo.

# UOVO IN CAMICIA

Portata: *secondo*
Tempo di preparazione:
*20 minuti*

*Ingredienti per 2 persone*
- *2 fette di pane*
- *2 uova*
- *100 g circa di gorgonzola*
- *aceto qb*
- *olio extravergine*
- *sale e pepe*

**Un must... e anche una piccola sfida personale! Se riusci-rete a fare un perfetto uovo in camicia sarete dei veri chef!**

Scaldare una padella con un cucchiaio di olio e tostare il pane girandolo quando è ben rosolato. Portare a leggero bollore l'acqua in un piccolo pentolino. Salare leggermen-te, versare un po' di aceto e mescolare, per creare il vortice. Sgusciare l'uovo in una ciotolina e versarlo delicatamente nel vortice di acqua, continuando a mescolare in modo da riunire la parte bianca dell'uovo intorno al tuorlo. Cuocere per circa 3-4 minuti, fino a quando l'albume non appa-re perfettamente solidificato, poi estrarre l'uovo con una schiumarola. Ripetere l'operazione con l'altro uovo. Spalmare abbondantemente il gorgonzola sui crostini di pane e completare con l'uovo e un po' di pepe.

# VELLUTATA DI CAROTE E ZENZERO

Portata: *primo*
Tempo di preparazione:
*25 minuti*

*Ingredienti per 4 persone*
- *1 cipolla*
- *1 peperoncino*
- *400 g di carote (vanno bene anche quelle baby surgelate)*
- *1 patata*
- *dado granulare di carne (oppure vegetale) qb*
- *zenzero fresco qb*
- *1 lime non trattato*
- *3-4 cucchiai di latte di cocco*
- *2 piadine*
- *olio per friggere*
- *olio extravergine*
- *sale*

**Lo zenzero, il latte di cocco e il peperoncino daranno un po' di carattere alla vostra vellutata di carote.**

Affettare grossolanamente la cipolla e soffriggerla con l'olio e il peperoncino in un pentolino. Aggiungere le carote tagliate a tocchetti e la patata sbucciata e affettata. Unire tanta acqua da ricoprire completamente le verdure, completare con il dado e il sale.

Grattugiare nella zuppa lo zenzero e la scorza del lime, unire anche il succo del lime e cuocere fino a che le verdure non sono morbide.

Una volta pronta, aggiungere il latte di cocco e frullare la zuppa.

Tagliare a losanghe le piadine. Scaldare l'olio per friggere in un pentolino. Immergere nell'olio bollente i pezzetti di piadina fino a che non diventano gonfi e dorati. Servire con la vellutata.

# INSALATA DI RISO VENERE CON SALMONE E LIME

*Portata: piatto unico*
*Tempo di preparazione:*
*25 minuti*

*Ingredienti per 4 persone*
- *450 g di salmone in tranci*
- *300 g di riso venere*
- *granella di pistacchi qb*
- *olio extravergine*
- *sale*

*Per la salsa:*
- *15-20 foglie di basilico*
- *80 ml di olio extravergine*
- *1 lime non trattato*
- *sale*

**Adoro il profumo e la consistenza croccante del riso venere. Abbinato al salmone, poi, ha un sapore e un'armonia di colori unici!**

Rosolare in padella il salmone con l'olio e il sale, facendolo dorare all'esterno ma lasciandolo leggermente rosato all'interno. Ci vorranno pochi minuti.

A parte, preparare la salsa frullando con il frullatore a immersione basilico, olio, succo e scorza di lime. Aggiungere un pizzico di sale.

Lessare il riso venere. Scolarlo, condirlo con la salsa, unire anche il salmone spezzettato con le mani e la granella di pistacchi.

# LINGUE DI GATTO
# AL CIOCCOLATO

Portata: *dolce*
Tempo di preparazione:
*25 minuti*

*Ingredienti per 6 persone*
- *90 g di zucchero*
- *65 g di burro*
- *1 uovo*
- *60 g di farina*
- *½ cucchiaio di cacao amaro*
- *sale*

*Per completare:*
- *250 ml di panna fresca*
- *2-3 cucchiai di cacao
  solubile zuccherato*
- *codette colorate qb*

**Se volete davvero viziare i vostri bambini...**

In una ciotola mescolare lo zucchero con il burro fuso e aggiungere l'uovo. Completare con la farina, il cacao e un pizzico di sale. Foderare di carta forno una leccarda. Per modellare le lingue di gatto, invece di usare la sacca da pasticceria con il beccuccio piatto, si può procedere con un semplice cucchiaio, formando delle strisce di impasto piccole e sottili. Cuocere a 180 °C per 5 minuti.
Montare la panna con il cacao, aggiungere le codette colorate e servirla con le lingue di gatto.

# MEZZE MANICHE CON RAGÙ DI VERDURE ALLA SOIA

Portata: *primo*
Tempo di preparazione:
*20 minuti*

Ingredienti per 4 persone
- *350 g di mezze maniche integrali*
- *1 porro*
- *1 peperone*
- *2 carote*
- *2 zucchine*
- *salsa di soia qb*
- *parmigiano grattugiato qb*
- *olio extravergine*
- *sale e pepe*

**Questo pesto di verdure è fenomenale. Leggero, veloce e superlight. Piace anche ai bambini... ma non esagerate con il peperone.**

Lessare le mezze maniche. Tagliare le verdure a grossi pezzi e metterle insieme nel mixer. Tritarle fino a ridurle in piccoli cubetti, tipo quelli del soffritto surgelato per intenderci. Trasferirle in padella e rosolarle con qualche cucchiaiata di olio. Condire con sale e pepe e lasciare rosolare dolcemente aggiungendo un po' di acqua di cottura della pasta per non far bruciare le verdure. Una volta che queste si saranno ammorbidite, dopo circa 5-8 minuti di cottura, sfumare con la salsa di soia ed eventualmente con altra acqua di cottura.
Quando le mezze maniche sono pronte, scolarle e ripassarle in padella con il ragù di verdura e soia. Completare con il parmigiano.

# PARMIGIANA BURGER

Portata: *piatto unico*
Tempo di preparazione:
*15 minuti*

Ingredienti per 4 persone
- *4 fette spesse di melanzana*
- *farina qb*
- *1 uovo*
- *pangrattato qb*
- *origano qb*
- *4 panini da burger*
- *250 ml di passata*
  *di pomodoro*
- *2 mozzarelle*
- *3-4 cucchiai di parmigiano*
  *grattugiato*
- *olio per friggere*
- *sale*

**Un mix vincente tra America e Italia!**

Impanare le fette di melanzana prima nella farina, poi nell'uovo e infine nel pangrattato aromatizzato con l'origano. Friggerle in abbondante olio bollente, scolarle e salarle. Tagliare a metà i panini. Farcire la base con una cucchiaiata di passata di pomodoro, salare, appoggiare una fetta di melanzana e poi una fetta di mozzarella. Completare con una spolverizzata di parmigiano.
Appoggiare sulla placca del forno le basi dei panini così farciti, lasciandoli aperti con la parte superiore appoggiata di fianco. Fare cuocere i burger in forno fino a che la mozzarella non comincia a sciogliersi un po'. Estrarli dal forno e servirli subito richiudendoli con la parte superiore.

# RISOTTO ALLE FRAGOLE

Portata: *primo*
Tempo di preparazione:
*20 minuti*

*Ingredienti per 4 persone*
- *1 scalogno*
- *400 g di riso*
- *1 bicchiere di vino bianco*
- *dado granulare vegetale qb*
- *400 g di fragole*
- *100 g di stracchino*
- *70 g di parmigiano grattugiato*
- *aceto balsamico qb (facoltativo)*
- *olio extravergine*
- *sale*

**Un classico anni Ottanta leggermente rivisitato grazie allo stracchino e all'aceto balsamico.**

Tritare lo scalogno e rosolarlo in un tegame con l'olio. Aggiungere il riso e farlo tostare. Salare e poi sfumare con il vino.

In un altro tegame mescolare circa 1,2 l di acqua a bollore con il dado vegetale per ottenere il brodo. Sfumare il risotto con il brodo fino a portarlo quasi a cottura. A questo punto aggiungere le fragole a pezzetti e finire di cuocere. A fuoco spento, mantecare con lo stracchino e il parmigiano e altro brodo per ottenere un risotto all'onda, cioè molto cremoso. Servire ogni piatto con una spruzzata di aceto balsamico, se gradito.

# ORECCHIETTE
# CON FAGIOLINI E PESTO
# DI RUCOLA

Portata: *primo*
Tempo di preparazione:
*20 minuti*

*Ingredienti per 4 persone*
- *300 g di fagiolini*
- *400 g di orecchiette*
- *sale*

*Per il pesto di rucola:*
- *50 g di rucola*
- *40 g di pinoli*
- *½ spicchio di aglio*
- *50 ml di olio extravergine*
- *40 g di parmigiano*

**Il pesto di rucola è più leggero e digeribile del pesto classico. Una piacevolissima rivelazione!**

Tagliare i fagiolini in 2-3 parti in modo che non siano troppo lunghi. Lessarli nell'acqua bollente e salata. A metà cottura, dopo circa 5 minuti dalla ripresa del bollore, aggiungere le orecchiette.

In un mixer preparare il pesto frullando insieme la rucola con i pinoli, l'aglio, l'olio e un po' di acqua di cottura della pasta. Aggiungere il parmigiano. Scolare le orecchiette e i fagiolini e condirli con il pesto di rucola.

# TORTA DI RISO SOFFIATO

Portata: *dolce*
Tempo di preparazione:
*15 minuti*
*+ il raffreddamento*

*Ingredienti per 6-8 persone*
- *150 g di cioccolato*
  *fondente*
- *150 g di burro*
- *7 barrette di cioccolato*
  *al mou*
- *200 g di riso soffiato*
- *praline colorate*
  *al cioccolato qb*

**La torta preferita dei bambini!**

Fare sciogliere in un pentolino a fuoco dolcissimo il cioccolato tagliato a pezzetti con il burro. Aggiungere anche le barrette tagliate a bocconi e lasciare sciogliere tutto creando una crema.

Trasferire in una ciotola la crema ottenuta e aggiungere il riso soffiato. Mescolare bene il tutto. Rivestire una tortiera rotonda di carta forno. Versarci l'impasto, aggiungere le praline colorate e schiacciare bene con un cucchiaio. Fare indurire la torta in frigo per un'ora, prima di servirla.

# FOCACCIA BURRATA
# E CARCIOFI

Portata: *antipasto*
Tempo di preparazione:
*1 ora e 30 minuti*

*Ingredienti per 4 persone*
- *500 g di farina*
- *½ cucchiaio di zucchero*
- *1 cubetto di lievito di birra*
  *fresco (oppure 1 bustina*
  *di lievito di birra disidratato)*
- *4 carciofi*
- *1 spicchio di aglio*
- *250 g di burrata*
- *olio extravergine*
- *sale*

**Burrata e carciofi sono deliziosi... anche senza focaccia!**

Raccogliere la farina in una ciotola e unire un cucchiaio raso di sale e lo zucchero. Se si usa il lievito disidratato mettere anche quello, altrimenti intiepidire 300-400 ml di acqua e sciogliervi dentro il cubetto di lievito. Unire l'acqua tiepida alla farina incominciando a mescolare con un cucchiaio per poi passare a impastare con le mani. Dosare la quantità di acqua in modo da ottenere un panetto dalla consistenza omogenea morbida e un po' appiccicosa. Se l'impasto risultasse troppo morbido, aggiungere farina. Lavorare l'impasto per circa 10 minuti, poi lasciarlo lievitare per almeno 40 minuti, meglio un'ora, coperto.
Nel frattempo pulire i carciofi (come spiegato a pag. 126) e tagliarli a fettine sottili. In una padella rosolare l'aglio con l'olio, poi aggiungere i carciofi, salare e cuocere per 10 minuti circa. Non devono essere troppo sfatti. Lasciare intiepidire.
Foderare una placca con la carta forno e stenderci dentro l'impasto lievitato allargandolo delicatamente con le mani e facendo pressione con i polpastrelli. Una volta steso, lasciarlo riposare ancora per 15 minuti, ma se non c'è tempo procedere subito con la farcitura. Versare i carciofi sulla focaccia con il loro sughino, distribuire bene su tutta la teglia e infornare a 200 °C per circa 12-14 minuti. Quando la focaccia è cotta e dorata, tirarla fuori dal forno e completare la farcitura con abbondanti cucchiaiate di burrata fresca. Servire subito.

# CUPCAKE SUPER CIOCCOLATO CON GLASSA AL CIOCCOLATO

Portata: *dolce*
Tempo di preparazione:
*45 minuti*

Ingredienti per 12 persone
- *35 g di cacao amaro*
- *2 uova*
- *200 g di zucchero*
- *200 g di burro*
- *120 g di yogurt bianco intero non zuccherato*
- *200 g di farina*
- *1 cucchiaino di lievito per dolci*
- *100 g di scaglie di cioccolato (oppure di gocce di cioccolato)*
- *sale*

Per la ganache:
- *100 ml di panna fresca*
- *150 g di cioccolato fondente*
- *codette di cioccolato o colorate qb oppure lamponi qb*

**I preferiti di Diego!**

Stemperare il cacao con 80 ml di acqua calda fino a ottenere una crema liscia. Tenere da parte. Sbattere le uova con lo zucchero, aggiungere il burro morbido, lo yogurt, il cacao sciolto e poi la farina con un pizzico di sale e il lievito. In ultimo unire il cioccolato a scaglie o a gocce. Mescolare il tutto e riempire quasi fino all'orlo i pirottini di carta. Inserirli nella forma dei muffin e farli cuocere a 180 °C per circa 20-25 minuti.

Una volta raffreddati, preparare la ganache facendo scaldare la panna. Sminuzzare il cioccolato, poi una volta che la panna è bollente togliere dal fuoco, versare il cioccolato e mescolare delicatamente fino a che il cioccolato non si è sciolto. Fare raffreddare e poi decorare i cupcake usando una siringa da pasticcere o semplicemente un cucchiaino. Completare con le codette di cioccolato colorate oppure con un lampone.

# CURRY DI ZUCCHINE
# E GAMBERETTI

Portata: *piatto unico*
Tempo di preparazione:
*20 minuti*

*Ingredienti per 4 persone*
- *400 g di zucchine*
- *1 scalogno*
- *1 cucchiaio di cocco rapè*
- *curry qb*
- *curcuma qb*
- *peperoncino qb*
- *farina qb*
- *1 bicchiere di latte*
- *400 g di gamberetti freschi
  crudi già sgusciati*
- *250 g di riso*
- *olio extravergine*
- *sale*

**Con questa base di salsa al curry, si può cucinare tutto:
pesce, carne e verdure.**

Tagliare a tocchetti le zucchine. Affettare lo scalogno e rosolarlo in padella con l'olio. Aggiungere il cocco rapè, un
cucchiaio abbondante di curry, mezzo cucchiaio di curcuma e un pizzico di peperoncino. Fare tostare il tutto in
padella per qualche minuto, poi aggiungere le zucchine,
una cucchiaiata di farina e mescolare in modo da farla tostare bene. Salare e aggiungere il latte.
Lasciare sobbollire fino a che la salsa non si è ristretta ed
è diventata cremosa. Se si asciuga troppo, aggiungere un
goccio di acqua. Prima che le zucchine si ammorbidiscano
del tutto, unire anche i gamberetti e farli cuocere per un
minuto circa. Servire con il riso bollito.

# RISOTTO AL POMPELMO ROSA E GAMBERI

Portata: *primo*
Tempo di preparazione:
*40 minuti*

Ingredienti per 4 persone
- *2 pompelmi rosa
  non trattati*

Per la bisque:
- *12 gamberi (300 g circa)*
- *misto per soffritto
  surgelato qb*
- *1 bicchiere di vino bianco*
- *olio extravergine*

Per il risotto:
- *1 cipolla*
- *350 g di riso*
- *½ bicchiere di vino bianco*
- *burro qb*
- *basilico qb*
- *olio extravergine*
- *sale*

**Questo risotto è davvero squisito. Il segreto del suo sapore unico viene dalla bisque di gamberi con cui lo si bagna.**

Sbucciare uno dei 2 pompelmi a vivo, tagliarlo a cubetti e metterlo da parte per unirlo al risotto alla fine, durante la mantecatura.

Per la bisque: sgusciare i gamberi. Lasciare le code da parte, raccogliere gli scarti, cioè testa e carapace, in un pentolino. Aggiungere un cucchiaio di misto per soffritto, un po' di olio e rosolare per qualche minuto. Sfumare con il vino, unire circa 500 ml di acqua calda e lasciare sobbollire per una decina di minuti circa.

Per il risotto: affettare sottilmente la cipolla e rosolarla a fuoco dolce con l'olio e la scorza grattugiata del secondo pompelmo. Aggiungere il riso e farlo tostare. Salare. Sfumare con il vino e portare a cottura il risotto bagnandolo con la bisque di gamberi filtrata attraverso un colino. Prima che il risotto arrivi a cottura, spremere il succo del secondo pompelmo e unirlo al risotto. Infine, a cottura ultimata aggiungere i gamberi. Spegnere il fuoco e mantecare il risotto con il burro, i cubetti di pompelmo precedentemente tagliati e il basilico.

# VELLUTATA DI PISELLINI CROCCANTI

Portata: *primo*
Tempo di preparazione:
*50 minuti*

Ingredienti per 6 persone
- *1 cipolla*
- *900 g di piselli surgelati*
- *1 patata*
- *700 g di piselli freschi*
  *con il baccello*
- *100 ml di panna fresca*
- *3 fette di pane*
- *olio extravergine*
- *sale e pepe*

L'idea di mescolare i piselli crudi con quelli lessi mi è venuta nell'incantevole ristorante di Antonino Cannavacciuolo. Il dolce croccante dei pisellini crudi vi stupirà.

Affettare la cipolla, rosolarla in un tegame con poco olio, aggiungere i piselli surgelati, il sale e la patata sbucciata e tagliata a pezzi. Unire l'acqua in modo che sia 1 cm circa sopra il livello delle verdure e lasciare cuocere con il coperchio per 20-30 minuti. Se è necessario aggiungere altra acqua.
Nel frattempo sgranare i piselli freschi e tenerli da parte. Quando la vellutata è pronta, toglierla dal fuoco, unire la panna e frullare in modo da ottenere una crema liscia e vellutata. Mentre è ancora bollente, versare i pisellini a crudo. Attendere 5-10 minuti prima di servire in modo che la vellutata si raffreddi un po'. Intanto rosolare in padella il pane tagliato a tocchetti con un filo di olio. Completare la vellutata con una macinata di pepe e servire con il pane abbrustolito.

# TORTA PARADISO

Portata: *dolce*
Tempo di preparazione:
*50 minuti*

Ingredienti per 10 persone
- *4 uova intere*
- *4 tuorli*
- *300 g di burro*
- *300 g di zucchero*
- *150 g di farina 00*
- *150 g di fecola*
- *1 bustina di lievito per dolci*
- *1 bustina di vanillina*
- *sale*

**Il classico dei classici! La torta perfetta da "pucciare" nel latte.**

Separare i rossi dai bianchi per ottenere 8 tuorli e 4 albumi. Con le fruste elettriche montare gli albumi a neve con un pizzico di sale e tenere da parte.

Sempre con le fruste sbattere il burro ammorbidito con lo zucchero fino a ottenere una crema, unire anche i tuorli poco per volta e per ultimo la farina, la fecola, il lievito e la vanillina. A questo punto incorporare delicatamente gli albumi, trasferire il composto in una tortiera imburrata e infarinata oppure foderata di carta forno e cuocere a 180 °C per circa 40 minuti.

# ES
BENEDETTA

# TA
tutto L'ANNO

# TE

# FERRAGOSTO

## CARO DIARIO,

dopo averlo aspettato tutto l'anno, finalmente il culmine dell'estate è arrivato: ferragosto! Tutti abbronzati, rilassati, felici eravamo pronti per una grande festa. Come al solito, abbiamo rinunciato al ristorante per stare insieme in maniera un po' caotica ma molto molto easy! Mentre io e i ragazzi ci godevamo una bella gita in canoa, Fabio (da vero eroe!) si è occupato di fare la spesa nei negozi strapieni di gente. Io in compenso dopo il mare mi sono messa in cucina. Il bello del ferragosto è che ognuno porta qualcosa e dà il suo apporto, così tutti lavorano un po' ma nessuno si stanca troppo. Gli uomini sono stati al barbecue – quest'anno tutto di

carne e tortillas dal sapore leggermente esotico –, i ragazzi si sono occupati dei dolci – con bicchierini di caffè e mango super golosi – e io... ho fatto tutto il resto! Il problema è che al mare da noi siamo talmente tanti amici che non si sa mai se il cibo sarà abbastanza! Per non farmi cogliere in fallo ho fatto un po' di tutto: carne, pesce, verdure, cous cous e nessuno è rimasto a pancia vuota. Dopo tanto cibo, invece della cena abbiamo optato per un aperitivo in piazzetta. Non importa se mi sono stancata un po' durante la preparazione della festa... il bello del ferragosto è che il giorno seguente è ancora vacanza e io dopo una bella dormita sono già pronta a ricominciare con un'altra cena tra amici.

# CREMA FREDDA DI POMODORO E STRACCIATELLA

Portata: *antipasto*
Tempo di preparazione:
*20 minuti + il raffreddamento*

Ingredienti per 4 persone
- *800 g di pomodori*
- *1 mazzetto di basilico*
- *300 g di stracciatella*
- *peperoncino qb*
- *4 fette di pane in cassetta*
- *curcuma qb*
- *olio extravergine*
- *sale*

Scottare i pomodori, tutti tranne uno, in acqua bollente per pochi secondi e poi spellarli. Frullarli nel vaso del mixer con 5 foglie di basilico, 150 g di stracciatella, olio, sale e peperoncino a piacere. Versare la crema nei bicchieri e lasciarla raffreddare in frigo. Tagliare il pane a bastoncini eliminando la crosta. Rosolarli in padella con l'olio fino a che non si abbrustoliscono, poi spolverizzare con la curcuma. Tagliare il pomodoro rimasto in dadini piccoli. Servire la crema fredda con i cubetti di pomodoro, basilico e bastoncini di pane alla curcuma.

FERRAGOSTO

# COUS COUS DI PESCE

Portata: *piatto unico*
Tempo di preparazione:
*40 minuti*

*Ingredienti per 4 persone*
- *1 cipolla*
- *600 g di verdure miste*
  *surgelate (peperoni,*
  *broccoli, fagiolini,*
  *carote, cavolfiore)*
- *600 g di code di gamberi*
  *surgelati*
- *2 spicchi di aglio*
- *80 ml di vino bianco*
- *500 g di calamari surgelati*
  *già puliti*
- *200 g di cous cous*
- *100 g di pomodorini*
- *basilico qb*
- *olio extravergine*
- *sale e pepe*

Affettare mezza cipolla, rosolarla con le verdure tagliate a pezzetti (io di solito compro una busta surgelata) e un po' di olio fino a che non sono cotte e leggermente abbrustolite. Regolare di sale.

Sgusciare i gamberi. Raccogliere i carapaci in un pentolino con l'altra metà della cipolla, uno spicchio di aglio, l'olio e fare tostare per qualche minuto. Sfumare con il vino e poi allungare con acqua calda e lasciare sobbollire per 10 minuti circa con un pizzico di sale. Tagliare i gamberi a pezzi e poi farli rosolare insieme alle verdure per pochi minuti.

Tagliare i calamari ad anelli e rosolarli in un'altra padella con uno spicchio di aglio e l'olio fino a che non sono morbidi. Unirli alle verdure.

Filtrare il brodo di gamberi ancora ben caldo, unirne 200 ml al cous cous e lasciarlo rinvenire per 10 minuti. Sgranarlo con la forchetta e aggiungerlo al resto degli ingredienti in padella, a fuoco spento. Completare con pomodorini, basilico, olio e pepe e servire.

# BRUSCHETTE DI COZZE ALLO ZAFFERANO

Portata: *antipasto*
Tempo di preparazione:
*30 minuti*

Ingredienti per 8 persone
- *1 kg di cozze*
- *2 spicchi di aglio*
- *1 cipolla rossa*
- *300 g di pomodori perini*
- *vino bianco qb*
- *1 bustina di zafferano*
- *8 fette di pane casereccio*
- *prezzemolo qb*
- *alloro*
- *olio extravergine*

Fare aprire le cozze in padella con olio e aglio. Una volta aperte, sgusciarle. Filtrare il liquido di cottura. Nella padella dove hanno cotto le cozze rosolare la cipolla tritata con l'olio, aggiungere i pomodori a pezzi, l'alloro e una spruzzata di vino. Fare evaporare poi unire anche un mestolo dell'acqua delle cozze, le cozze sgusciate e lo zafferano. Lasciare restringere brevemente. Servire i crostoni di pane abbrustoliti su un piatto ricoperti di cozze e pomodori. Bagnare con il sughetto e completare con il prezzemolo.

FERRAGOSTO

## TEGLIA DI VERDURE
## E MOZZARELLA

Portata: *contorno*
Tempo di preparazione:
*55 minuti*

Ingredienti per 6 persone
- *1 peperone rosso piccolo*
- *1 peperone giallo piccolo*
- *1 melanzana*
- *2 zucchine*
- *400 g di mozzarella*
- *2 uova*
- *80 g di parmigiano*
  *grattugiato*
- *origano*
- *olio extravergine*
- *sale*

Affettare sottilmente le verdure e grigliarle sulla piastra unta di olio oppure abbrustolirle nel forno ventilato, sulla placca ricoperta di carta forno con un goccio di olio, per circa 10 minuti a 180 °C. Tagliare la mozzarella a fettine. Sbattere le uova con il parmigiano. In una pirofila unta di olio alternare strati di verdure a mozzarella e uovo, condendo ogni strato con poco sale e origano. Infornare per 25 minuti a 180 °C.

272

# GRILL E TORTILLAS

**Portata:** *secondo*
**Tempo di preparazione:**
*45 minuti + la marinatura*

*Ingredienti per 8 persone*
- *1 cucchiaio di senape*
- *3 cucchiai di miele*
- *100 ml di salsa di soia*
- *1 spruzzo di salsa Worcester*
- *50 ml di vino bianco*
- *2 spicchi di aglio*
- *500 g di luganega*
- *8 ali di pollo*
- *8 costine di maiale*
- *8 tortillas pronte*
- *rosmarino qb*
- *insalata qb*
- *olio extravergine*
- *sale e pepe*

Mescolare la senape con il miele, la soia, la salsa Worcester, olio, sale, pepe, vino e l'aglio schiacciato. Assaggiare la salsa e aggiustare il sapore secondo i gusti. Dividere la luganega, arrotolarla e fissarla con gli stecchini. Metterla a marinare con il resto della carne per qualche ora.
Sgocciolare e cuocere la carne sul barbecue per circa mezz'ora rigirandola e spennellandola con la marinata (se non avete il barbecue, cuocete in forno ventilato a 180 °C). Una volta che la carne è pronta, scaldare anche le tortillas. Disporre le tortillas su un piatto da portata o nei piatti individuali e ricoprire con carne e insalata.

FERRAGOSTO

# CHEESECAKE CON PESCHE E AMARETTI

*Portata:* dolce
*Tempo di preparazione:*
*45 minuti + il riposo*

*Ingredienti per 8 persone*
- *10 g di gelatina in fogli*
- *130 g di biscotti tipo Digestive*
- *70 g di amaretti*
- *300 g di formaggio spalmabile tipo Philadelphia*
- *4 pesche*
- *80 g di zucchero di canna*
- *1 cucchiaio di succo di limone*
- *500 g di ricotta*
- *25 g di zucchero a velo*
- *4 cucchiai di latte*

Mettere a bagno la gelatina in acqua fredda. Frullare i biscotti con gli amaretti, poi incorporare 90 g circa di formaggio spalmabile, fino a che il composto non diventa abbastanza morbido da modellarlo per fare la base della torta. Stendere l'impasto in uno stampo a cerniera con la base ricoperta di carta forno, schiacciando bene con il dorso della mano.

Sbucciare 2 pesche e tagliarle a pezzetti. Fare caramellare lo zucchero di canna in padella con 8 cucchiai di acqua. Una volta caramellato, unire i dadini di pesca, ripassarli nello sciroppo, aggiungere il succo di limone e lasciare cuocere per circa 2 minuti. Spegnere e far intiepidire.

Lavorare il formaggio spalmabile rimasto con la ricotta e lo zucchero a velo. Unire anche lo sciroppo e le pesche. Scaldare il latte e scioglierci dentro la gelatina, poi incorporare al resto degli ingredienti. Versare nella crosta di biscotti e lasciare raffreddare per circa 4 ore. Prima di servire, guarnire con il resto delle pesche tagliate a fettine sottili.

**FERRAGOSTO**

# BICCHIERINI DI YOGURT AL CAFFÈ E AL MANGO

Portata: *dolce*
Tempo di preparazione:
*15 minuti + il raffreddamento*

Per i bicchierini al caffè
- *100 g di mascarpone*
- *300 g di yogurt bianco*
- *1 tazzina di caffè*
- *3 cucchiai di zucchero*
- *1 pizzico di cannella*
  *in polvere*
- *panna montata qb*
- *cioccolato grattugiato qb*

Per i bicchierini ghiacciati
al mango
- *1 mango*
- *600 g di yogurt bianco*
- *foglioline di menta qb*

Per i bicchierini al caffè, mescolare il mascarpone con lo yogurt, unire il caffè freddo, la cannella e lo zucchero, versare nelle tazzine e mettere in frigo per almeno 30 minuti. Servire con panna montata e cioccolato grattugiato.
Per i bicchierini ghiacciati al mango, tagliare il mango a pezzi e frullarlo con 4 cubetti di ghiaccio e lo yogurt. Guarnire con la menta e servire.

# COCKTAIL ST-GERMAIN

Portata: *aperitivo*
Tempo di preparazione:
*5 minuti*

Ingredienti per 1 bicchiere
- *1 parte di St-Germain*
- *1 parte di acqua tonica*
- *2 parti di prosecco*
- *1 fetta di lime*
- *1 rametto di menta*
- *ghiaccio qb*

Questa ricetta me l'hanno regalata Gianni e Marisa Chessa, del Bar della Piazza di Porto Rotondo, così anche a casa a settembre posso sentirmi un po' in vacanza... Ecco come fare: riempire un bicchiere da cocktail per ¾ di ghiaccio, versare tutti i liquidi (St-Germain, acqua tonica e prosecco), aggiungere una leggera spruzzata di succo di lime e poi lasciare lo spicchio nel bicchiere. Mescolare e in ultimo unire la menta.

# SPAGHETTI ALLE VONGOLE

Portata: *primo*
Tempo di preparazione:
*45 minuti*

*Ingredienti per 4 persone*
- *1 kg di vongole*
- *4 spicchi di aglio*
- *peperoncino qb*
- *1 bicchiere di vino bianco*
- *350 g di spaghetti
  alla chitarra*
- *prezzemolo qb*
- *olio extravergine*
- *sale*

**Il segreto di un bel piatto di spaghetti alle vongole è il finale! Completate la cottura della pasta in padella con il sugo e il prezzemolo tritato... Io a casa me lo sono dimenticata, ma voi non fate lo stesso errore!**

Fare spurgare le vongole in acqua fresca e sale per almeno mezz'ora. Rosolare l'aglio con l'olio in una larga padella. Unire il peperoncino. Mettere le vongole in padella con una spruzzata di vino, coprire con il coperchio e fare aprire i molluschi.
Nel frattempo lessare gli spaghetti in acqua salata. Circa 4 minuti prima che arrivino a cottura, scolarli, conservando la loro acqua, trasferirli in padella con le vongole e continuare a cuocerli aggiungendo l'acqua di cottura della pasta poco per volta, sempre mescolando.
Prima di servire, completare con il prezzemolo tritato.

# STRACCETTI DI POLLO ALLA GRECA

Portata: *secondo*
Tempo di preparazione:
*15 minuti*

*Ingredienti per 4 persone*
- *1 petto di pollo*
- *farina qb*
- *1 cipolla rossa*
- *8 pomodorini*
- *capperi qb*
- *100 g di feta*
- *½ bicchiere di vino bianco*
- *origano qb*
- *olio extravergine*
- *sale e pepe*

**Questo piatto che si prepara in 5 minuti è un preziosissimo salvacena!**

Tagliare il pollo a straccetti e infarinarli leggermente. Affettare la cipolla e rosolarla in padella con l'olio. Aggiungere gli straccetti. Salare, completare con i pomodorini a spicchi e i capperi e portare a cottura.
Sbriciolare la feta sul pollo in padella. Sfumare con il vino e lasciare asciugare mentre si crea una cremina. Servire con una spolverizzata di pepe e origano.

# FOCACCIA CROCCANTE

Portata: *antipasto*
Tempo di preparazione:
*1 ora e 40 minuti*

Ingredienti per 4 persone
- *500 g di farina*
- *1 bustina di lievito di birra
  disidratato*
- *½ cucchiaio di zucchero*
- *15 g di preparato per purè*
- *2 cucchiaini rasi
  di sale fino*

Per completare:
- *olio extravergine*
- *1 cucchiaio raso
  di sale grosso*

**Al posto della patata lessa, che si usa nella classica focaccia pugliese, ho provato a mettere la farina del purè istantaneo per un effetto davvero croccante.**

Mescolare la farina in una ciotola con il lievito di birra, il sale fino e lo zucchero. Aggiungere il preparato per purè e 400 ml di acqua tiepida poco per volta. Lavorare con le mani o con la planetaria per 10 minuti fino a ottenere un impasto omogeneo e abbastanza morbido. Se vi sembra troppo appiccicoso, aggiungere ancora un po' di farina. Se risulta invece troppo morbido, non usare tutta l'acqua. Fare lievitare per almeno un'ora coperto.
Foderare una teglia con la carta forno, ungerla di olio e stendere l'impasto usando la punta delle dita. Una volta stesa la focaccia, mescolare in un bicchiere 50 ml di acqua, 25 ml di olio e il sale. Distribuire sulla focaccia bagnandola per bene e praticando delle pressioni sull'impasto con la punta delle dita per creare dei piccoli affossamenti. Cuocere a 230 °C per 15 minuti.

# CALAMARATA

Portata: *primo*
Tempo di preparazione:
*30 minuti*

Ingredienti per 4 persone
- *1 cipolla rossa*
- *500-600 g di calamari*
- *½ bicchiere di vino bianco*
- *peperoncino qb*
- *10 pomodorini*
- *350 g di pasta formato calamarata*
- *olio extravergine*
- *sale*

**Quante calamarate ho cucinato d'estate al mare! Di sicuro il mio primo piatto preferito.**

Tagliare a rondelle la cipolla e rosolarla con l'olio in un'ampia padella. Pulire i calamari, tagliarli ad anelli e aggiungerli al soffritto. Farli rosolare per qualche minuto poi salare e sfumare con il vino. Aggiungere il peperoncino, i pomodorini tagliati a metà e fare restringere il sugo e insaporire i calamari. Il sugo è pronto quando i calamari hanno rilasciato un po' di colore e il sugo si è leggermente scurito.
Lessare la pasta. Quando è pronta scolarla e ripassarla in padella con il sugo e un po' di acqua di cottura.

# TORTA CAPRESE

Portata: *dolce*
Tempo di preparazione:
*45 minuti*

*Ingredienti per 8 persone*
- *125 g di cioccolato fondente*
- *125 g di burro*
- *3 uova*
- *100 g di zucchero*
- *150 g di mandorle pelate*
- *sale*

**Perfetta anche per chi non può mangiare glutine.**

Tagliare il cioccolato a pezzettini e metterlo in un pentolino con un cucchiaio di acqua. Fare scaldare sul fuoco dolce e, quando incomincia a sciogliersi, aggiungere anche il burro a pezzetti fino a che il tutto non è ridotto a una crema. Separare i tuorli dagli albumi. In una ciotola sbattere i tuorli con lo zucchero. A parte montare gli albumi a neve con un pizzico di sale.
Tostare le mandorle in padella fino a che non incominciano a dorarsi. Tritarle finemente e mescolarle al cioccolato fuso. Unire il cioccolato con le mandorle nel composto di tuorli e zucchero. Incorporare delicatamente anche gli albumi. Versare il tutto in una tortiera foderata di carta forno e cuocere a 180 °C per 20-30 minuti.

# SPAGHETTI CON ALICI

Portata: *primo*
Tempo di preparazione:
*15 minuti*

Ingredienti per 4 persone
- *150 g di alici fresche
  desliscate*
- *1 spicchio di aglio*
- *peperoncino qb*
- *7-8 pomodorini*
- *prezzemolo qb*
- *½ bicchiere di vino bianco*
- *350 g di spaghetti*
- *olio extravergine*
- *sale e pepe*

**Le alici fresche sono un pesce gustoso e sano. Noi in famiglia ne siamo ghiotti in qualsiasi modo si presentino, nella piadina alla romagnola, fritte, oppure semplicemente scottate in forno con un po' di olio, vino e aceto.**

Pulire e sciacquare le alici e rosolarle in padella con l'olio, l'aglio e il peperoncino. Aggiungere i pomodorini un po' interi e un po' tagliati a metà, il prezzemolo, il sale e poi sfumare con il vino. Lessare gli spaghetti e, quando sono cotti, scolarli e saltarli in padella con il sugo. Completare con il pepe.

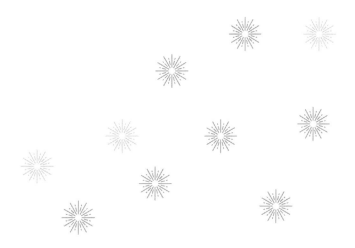

# PISAREI E FASÒ CON RAGÙ DI PESCE

Portata: *primo*
Tempo di preparazione:
*45 minuti*

*Ingredienti per 4 persone*
*Per i pisarei:*
- *11 cucchiai di farina*
- *7 cucchiai di pangrattato*
- *sale*

*Per il sugo:*
- *1–2 spicchi di aglio*
- *2 cucchiai di misto
  per soffritto*
- *200-250 g di merluzzo*
- *½ bicchiere di vino bianco*
- *1 lattina di fagioli cannellini
  precotti*
- *1 cucchiaio di concentrato
  di pomodoro*
- *olio extravergine*
- *sale*

**Come alleggerire un classico della cucina piacentina. Al posto della pancetta, io uso il merluzzo.**

Per i pisarei: in una ciotola mescolare la farina con il pangrattato, il sale e tanta acqua tiepida quanto basta per avere un composto plastico tipo il pongo. Fare riposare un po' l'impasto avvolto nella pellicola per alimenti.
Intanto, per il sugo, rosolare in padella l'olio, l'aglio e il misto per soffritto. Aggiungere il merluzzo spezzettato e farlo insaporire. Salare e sfumare con il vino. Completare con i cannellini e il concentrato di pomodoro e aggiustare di sale. Fare cuocere coperto per una decina di minuti. Se necessario, aggiungere mezzo bicchiere di acqua.
Confezionare i pisarei. Prendere una pallina di impasto e modellarlo con le mani formando un lungo salsicciotto sottile come un dito mignolo. Tagliare il salsicciotto in piccoli dadi e premendo con un dito appiattirli a forma di piccoli gnocchetti, o pisarei, appunto.
Lessare i pisarei, scolarli con la schiumarola e condirli con il sugo.

# CAPONATA DI PESCE SPADA

Portata: *secondo*
Tempo di preparazione:
*40 minuti*

*Ingredienti per 4 persone*
- *1 cipolla*
- *1 peperone*
- *1 melanzana*
- *1 spicchio di aglio*
- *1 cucchiaio di uvetta*
- *1 cucchiaio di miele*
- *1 cucchiaio di zucchero*
- *aceto qb*
- *10 olive verdi*
- *1 costa di sedano*
- *500 g di pesce spada*
- *2 cucchiai di farina di mais fioretto*
- *2 cucchiai di farina*
- *olio per friggere*
- *olio extravergine*
- *sale*

**Questo piatto è perfetto da servire in una sera d'estate con un bel vino bianco ghiacciato e un po' di amici simpatici!!**

Tagliare a rondelle la cipolla, a falde piccole il peperone e a cubetti la melanzana. Rosolare l'aglio in padella con l'olio, aggiungere le verdure e cuocere il tutto per circa 10-15 minuti fino a che le verdure non sono morbide. A questo punto, aggiungere l'uvetta, il miele, lo zucchero e l'aceto. Fare sfumare dolcemente per qualche minuto. A fuoco spento, completare con le olive e il sedano tagliato a tocchetti.

A parte, tagliare il pesce a cubetti grandi come quelli di melanzane. Mescolare le 2 farine. Infarinare il pesce e friggerlo a immersione in olio bollente. Scolarlo sulla carta da cucina, salarlo e mescolarlo con la caponata.

# INSALATA DI FARRO, TONNO E PESTO DI MANDORLE

Portata: *piatto unico*
Tempo di preparazione: *25 minuti*

Ingredienti per 4 persone
- *300 g di farro*
- *100 g di mandorle*
- *20 foglie di basilico*
- *100 ml di olio extravergine*
- *1 spicchio di aglio*
- *10 pomodorini*
- *2 cucchiai di zucchero di canna*
- *200 g di tonno sott'olio sgocciolato*
- *sale*

**Che estate è senza una bella insalata di farro sulla tavola?**

Lessare il farro. Per il pesto frullare le mandorle con il basilico, l'olio, un po' di acqua di cottura del farro e l'aglio. In una padella saltare velocemente i pomodorini interi con lo zucchero di canna fino a creare una glassatura. Deve essere una cottura veloce perché i pomodori devono rimanere sodi. In una ciotola capiente condire il farro con il pesto e il tonno. Salare. In ultimo aggiungere i pomodorini in modo che non si rompano.

# COZZE AL SUGO ROSSO

Portata: *primo*
Tempo di preparazione:
*45 minuti*

*Ingredienti per 8 persone*
- *2 kg di cozze*
- *4 spicchi di aglio*
- *1 lattina di pomodori pelati*
- *peperoncino qb*
- *1 bicchiere di vino bianco*
- *prezzemolo qb*
- *pane tostato qb*
- *olio extravergine*
- *sale*

**Non dimenticatevi di fare una bella scorta di pane: con questo piatto la scarpetta è d'obbligo!**

Pulire le cozze (sciacquarle sotto acqua corrente, tirare e staccare la barbina che fuoriesce dalle valve, quindi terminare la pulizia sfregandole con una paglietta d'acciaio). Rosolare l'aglio con l'olio in un'ampia padella. Versare i pelati con tutto il loro sugo, salare, aggiungere il peperoncino e lasciare andare per qualche minuto, fino a che i pomodori non si saranno sfaldati.

Unire le cozze, aggiungere una spruzzata di vino e lasciare aprire i molluschi con il coperchio. Prima di servire unire il prezzemolo. Portare in tavola con il pane tostato, per fare la scarpetta!

# BISCOTTI CON IMPRONTA DIGITALE

Portata: *dolce*
Tempo di preparazione:
*40 minuti*

*Ingredienti per 6-8 persone*
- *450 g di farina*
- *200 g di zucchero*
- *½ cucchiaino di lievito*
  *per dolci*
- *1 bustina di vanillina*
- *240 g di burro*
- *1 uovo*
- *marmellata o Nutella qb*
- *sale*

**Superfacili, superbuoni, perfetti da cucinare con i bambini.**

Mescolare in una ciotola la farina con lo zucchero, un pizzico di sale, il lievito e la vanillina. Tagliare il burro a cubetti, unirlo alla farina e lavorare il tutto con le mani fino a ottenere un composto sabbioso. Si può raggiungere questa consistenza anche mettendo gli ingredienti nel mixer. Aggiungere l'uovo e mescolare ancora velocemente fino ad avere una palla di impasto omogenea, oppure azionare ancora le lame del mixer fino a ottenere la palla di impasto.
Una volta pronta la frolla, dividerla in palline di circa 3 cm, lavorarle con le mani, disporle su una placca ricoperta di carta forno e schiacciarle una per una con il pollice oppure con un tappo di sughero in modo da creare un affossamento al centro. Riempire il buco con un po' di marmellata o di Nutella e cuocere in forno a 190 °C per 12-15 minuti.

# RISOTTO AL PROSECCO E BRANZINO

Portata: *primo*
Tempo di preparazione:
*25 minuti*

Ingredienti per 4 persone
- *4 filetti di branzino*
- *pepe rosa in salamoia*
- *6-7 cipollotti*
- *350 g di riso*
- *500 ml di prosecco*
- *dado granulare vegetale qb*
- *latte qb*
- *olio extravergine*
- *sale*

**Un risotto molto raffinato, perfetto per una cenetta a due.**

Fare marinare i filetti di branzino con il pepe rosa e un cucchiaino di salamoia. Affettare a rondelle i cipollotti, tenendo da parte un po' del gambo verde, e rosolarli in un tegame con un filo di olio. Aggiungere il riso, farlo tostare e salarlo. Sfumare con abbondante prosecco (circa metà bottiglia). Portare a cottura il risotto aggiungendo, quando il prosecco è asciugato, un po' di acqua calda e dado.

Tritare al coltello il branzino come fosse una tartare. Una volta cotto il riso, spegnere il fuoco e aggiungere la tartare di branzino. Mantecare con un po' di latte e mescolare fino a che il risotto non risulta cremoso e vellutato. Completare con il pepe rosa e la parte verde del cipollotto tritata.

# PAELLA DI TERRA E MARE

Portata: *piatto unico*
Tempo di preparazione:
*1 ora e 45 minuti*

Ingredienti per 2 persone
- *1 spicchio di aglio*
- *125 g di cozze*
- *125 g di vongole*
- *1 cipolla*
- *½ bicchiere di vino bianco secco*
- *1 falda di peperone*
- *½ salsiccia (luganega)*
- *200 g di riso*
- *50 g di piselli*
- *1 bustina di zafferano*
- *4 gamberi freschi*
- *prezzemolo qb*
- *olio extravergine*
- *sale e pepe*

Per il brodo di pollo:
- *3 cosce di pollo*
- *1 cipolla*
- *1 costa di sedano*
- *1 carota*
- *sale*

**Più difficile a dirsi che a farsi! La paella di terra e mare è uno dei miei cavalli di battaglia. Cucinarla è una bellissima avventura, gustarla una magnifica esperienza! Con queste dosi, mangerete in due un bel piatto unico, se invece volete servirla come primo piatto, basterà per quattro.**

Preparare il brodo di pollo: lessare in acqua bollente le cosce di pollo con la cipolla, il sedano, la carota e un po' di sale. Dopo circa 45 minuti spegnere il fuoco, lasciare intiepidire, prelevare le coscette di pollo e disossarle, ricavando dei bocconcini che andranno aggiunti in ultimo alla paella. Conservare il brodo per sfumare il riso.

Preparare i molluschi: in una padella rosolare l'aglio con l'olio, poi unire cozze e vongole, sfumare con il vino e farle aprire a fuoco vivace con il coperchio. Una volta aperte spegnere il fuoco e lasciarle intiepidire. Scolare l'acqua di cottura delle cozze e delle vongole passandola attraverso un colino (così da eliminare eventuale sabbia) e tenerla da parte per sfumare il riso. Sgusciare circa metà di cozze e vongole e lasciare le altre con il guscio.

Nella padella in cui si cucinerà la paella, rosolare la cipolla affettata ad anelli con la falda di peperone a pezzettini. Tagliare la salsiccia a pezzetti e aggiungerla al soffritto facendo rosolare per qualche minuto. Unire il riso, un pizzico di sale e i piselli. Mescolare bene per insaporire il tutto. Portare a cottura la paella come fosse un risotto, sfumando una volta con l'acqua di cottura di cozze e vongole e un'altra con il brodo di pollo. Quando il riso è quasi a cottura unire lo zafferano, le cozze e le vongole (sia quelle sgusciate che quelle con il guscio), il pollo a pezzetti e i gamberi sgusciati. Completare la cottura continuando a sfumare, ma senza mescolare più. La paella deve rosolare e caramellare sui bordi senza essere più mossa. Prima di servire, lasciare riposare per 2 minuti, aggiungere il prezzemolo tritato, l'olio e una macinata di pepe.

# CAPESANTE IN CARROZZA

Portata: *antipasto*
Tempo di preparazione:
*30 minuti*

*Ingredienti per 4 persone*
- *1 lime non trattato*
- *100 g circa di pangrattato*
- *12 capesante*
- *2 mozzarelle*
- *farina qb*
- *3 uova*
- *olio per friggere*
- *sale*

**La mozzarella cambia carrozza! Attenzione a impanare con cura le capesante in modo che non si aprano in cottura.**

Grattugiare la scorza di lime nel pangrattato. Tagliare a metà il corallo delle capesante (la parte arancione) e dividere in due per il lungo la noce. Fare dei piccoli sandwich mettendo un pezzetto di mozzarella tra 2 fettine di capasanta, cioè alternando: noce, pezzetti di mozzarella e corallo. Impanare il sandwich nella farina, nell'uovo e nel pangrattato. Ripetere la panatura per due volte in modo da essere sicuri che il sandwich non si apra. Friggere le capesante in abbondante olio bollente. Sgocciolare sulla carta da cucina. Completare con un pizzico di sale e una spruzzata di succo di lime, prima di servire.

# TONNO IN CROSTA DI FRUTTA SECCA

Portata: *secondo*
Tempo di preparazione:
*25 minuti*

*Ingredienti per 4 persone*
- *2 spicchi di aglio*
- *2 fette di pane in cassetta*
- *rosmarino qb*
- *130 g di pistacchi*
- *130 g di pinoli*
- *130 g di noci*
- *5 foglie di basilico*
- *1 mazzetto di prezzemolo*
- *4 tranci di tonno da 200 g*
- *olio extravergine*
- *sale*

**Al posto del tonno potete usare anche il salmone o un trancio del pesce che vi piace di più.**

In una padella rosolare l'aglio con l'olio. Aggiungere il pane tagliato a cubetti, gli aghi di rosmarino e la frutta secca e rosolare bene senza bruciare gli ingredienti. Tritare in un mixer, aggiungendo anche il basilico e il prezzemolo. Impanare il tonno in questa panure.
Ungere di olio una padella. Cuocere il trancio di tonno dolcemente per alcuni minuti su ogni lato, stando attenti a non bruciare la panure e lasciando l'interno del tonno crudo e di un bel colore rosa.

# MAZZANCOLLE FRITTE
# CON SPAGHETTI DI RISO

Portata: *secondo*
Tempo di preparazione:
*30 minuti*

Ingredienti per 4 persone
- *12 mazzancolle*
- *150 g di spaghetti di riso*
- *olio per friggere*
- *sale*

*Per completare:*
- *maionese qb*
- *curry qb*
- *pepe*

**Se avete voglia di friggere... e stupire i vostri ospiti, questo è il piatto giusto!**

Sgusciare le mazzancolle lasciando la testa e la coda. Ammollare gli spaghetti di riso in acqua calda per qualche minuto fino a che non sono morbidi e facilmente modellabili. Prendere una piccola quantità di spaghetti (di solito la matassa che vendono è di 500 g ma qui 150 g basteranno) e avvolgerli intorno alla mazzancolla come una fasciatura. Procedere fino a esaurimento delle mazzancolle. Friggerle in abbondante olio bollente. Appena vengono immersi nell'olio gli spaghettini si induriscono, quindi non c'è il rischio che la fasciatura intorno alla mazzancolla si apra. Cuocerli per pochissimi minuti, sgocciolarli sulla carta da cucina e salarli.
Mescolare la maionese con il curry e il pepe assaggiando per ottenere il gusto desiderato. Servire le mazzancolle con la maionese al curry.

# MADELEINE DI CAPRINO
# E PISTACCHI

Portata: *antipasto*
Tempo di preparazione:
*20 minuti*

Ingredienti per 4 persone
- *2 uova*
- *160 g di formaggio caprino fresco*
- *30 ml di olio extravergine*
- *50 g di parmigiano grattugiato*
- *30 g di pistacchi sgusciati non salati*
- *120 g di farina*
- *1 cucchiaio di lievito istantaneo per torte salate*
- *sale*

**Con un aperitivo così, si può anche fare a meno della cena!**

In una ciotola sbattere le uova con i caprini, l'olio, il parmigiano e i pistacchi tritati, aiutandosi con una frusta a mano. Unire infine la farina, un pizzico di sale e il lievito. Imburrare gli stampini da madeleine, riempirli di impasto e poi far cuocere per circa 12 minuti: i primi 3 minuti a 210 °C, poi a 180 °C.

# PESCE CARAMELLATO AL LIME

Portata: *secondo*
Tempo di preparazione:
*30 minuti*

*Ingredienti per 4 persone*
- *500 g di merluzzo*
- *peperoncino qb*
- *prezzemolo qb*
- *1 spicchio di aglio*
- *1 lime non trattato*
- *3-4 cucchiai di salsa di soia*
- *2 cucchiai di zucchero di canna*
- *olio extravergine*
- *sale*

**Il pesce ideale per questo piatto è un bel trancio di merluzzo surgelato, sano, semplice e poco costoso.**

Tagliare a pezzetti il merluzzo, come se fosse uno spezzatino, e farlo marinare in una ciotola con 5 cucchiai di olio, il peperoncino e il prezzemolo tritato. Aggiungere un pizzico di sale e l'aglio. A parte, mescolare il succo di mezzo lime con la salsa di soia e lo zucchero di canna. Rosolare il pesce con la sua marinata in padella. A metà cottura circa, sfumare con la salsa e aggiungere la scorza del lime grattugiata. Lasciare cuocere a fuoco medio fino a che la salsa non si è ristretta e leggermente caramellizzata. Servire con verdure, con riso bianco bollito o con cous cous.

# POLLO LIME E TEQUILA

Portata: *secondo*
Tempo di preparazione:
*30 minuti*

*Ingredienti per 4 persone*
- *1 petto di pollo a fettine*
- *1 spicchio di aglio*
- *curcuma qb*
- *menta qb*
- *la scorza di 1 lime*
  *non trattato*
- *tequila qb*
- *olio extravergine*

*Per il purè:*
- *400 g di piselli*
- *1 patata lessa*
- *8-10 noci*
- *2 foglie di menta*
- *25 ml circa*
  *di olio extravergine*
- *sale*

*Per completare:*
- *sale grosso*
- *succo di lime qb*

**Questa del pollo con la tequila è un'idea di Fabio. Il purè di piselli l'ho aggiunto io. In alternativa si può mettere il pollo grigliato alla tequila direttamente in un'insalata.**

Fare marinare il pollo in un mix di olio, aglio, curcuma, menta, scorza di lime grattugiato e tequila.
Lessare i piselli in acqua salata. Una volta cotti, scolarli e frullarli con la patata lessa, le noci, il sale, l'olio e la menta.
Sgocciolare le fette di pollo e grigliarle sulla bistecchiera calda e spolverizzata di sale grosso. A metà cottura sfumare con il succo di lime. Servire il pollo con una quenelle di purè di piselli.

# TORTA DI PESCHE

Portata: *dolce*
Tempo di preparazione:
*45 minuti*

*Ingredienti per 6 persone*
- *3 uova*
- *160 g di zucchero semolato*
- *170 g di burro*
- *70 g di yogurt bianco*
- *150 g di farina*
- *1 cucchiaino di lievito
  per dolci*
- *1 lime non trattato*
- *3-4 pesche*
- *zucchero di canna qb*

**Non vi preoccupate se le pesche scompaiono nell'impasto, le ritroverete all'interno più deliziose che mai!**

In una ciotola sbattere le uova con lo zucchero semolato. Aggiungere il burro sciolto e lo yogurt. Infine, incorporare la farina con il lievito e la scorza e il succo del lime. Versare l'impasto nello stampo imburrato e infarinato. Completare la torta con le fettine di pesca con la buccia e spolverizzare con lo zucchero di canna. Cuocere a 180 °C per circa 30-40 minuti.

# LASAGNA ESTIVA DI PANE CARASAU

Portata: *primo*
Tempo di preparazione:
*20 minuti*

*Ingredienti per 4 persone*
- *180 g di tonno sott'olio sgocciolato*
- *170 g di robiola*
- *250 g di pomodorini*
- *200 ml di panna fresca*
- *5-6 foglie di basilico*
- *4 fogli di pane carasau (per una lasagna a 4 strati)*
- *sale*

*Per completare:*
- *pomodorini qb*
- *pangrattato qb*
- *olio extravergine*

**Questa lasagna fatta con il pane carasau è superestiva. Sentirete che squisitezza, anche se non si usa la sfoglia classica. Perfetta per chi non può mangiare le uova.**

Spezzettare il tonno. Frullare con il frullatore a immersione la robiola con i pomodorini, la panna, il basilico e il sale creando una crema. Bagnare il pane carasau con l'acqua per ammorbidirlo. Mettere sul fondo della teglia un po' di crema di pomodoro. Assemblare la lasagna, alternando pane carasau, crema e tonno. Completare l'ultimo strato con i pomodorini tagliati a metà, un po' di pangrattato e un filo di olio. Fare gratinare in forno ventilato a 200 °C per 5-10 minuti.

# CALAMARI CON VELLUTATA DI LENTICCHIE

Portata: *antipasto*
Tempo di preparazione: *35 minuti*

Ingredienti per 4 persone
- *2 cucchiai di misto per soffritto*
- *1 cucchiaio di curry*
- *280 g di lenticchie rosse secche*
- *1 cucchiaio di dado granulare vegetale qb*
- *1 rametto di rosmarino*
- *4 calamari*
- *olio extravergine*
- *sale*

D'estate, quando sono in vacanza al mare, adoro mangiare i calamari. Sono gustosi e pochissimo calorici. Mi piacciono soprattutto grigliati. Se poi voglio presentare un piatto un po' più elaborato, aggiungo la vellutata di lenticchie. Con queste dosi preparerete un antipasto squisito, se volete un primo piatto aumentatele un po'.

In un tegame rosolare il misto per soffritto con olio e curry. Aggiungere le lenticchie scolate, il sale, lasciare insaporire per qualche minuto e poi unire l'acqua per coprire a filo le lenticchie, il dado granulare e il rosmarino. Fare sobbollire per una decina di minuti.
Intanto, dividere la sacca dai ciuffi dei calamari, incidere le sacche con dei tagli longitudinali e grigliarli sulla bistecchiera unta di olio per qualche minuto su ogni lato in modo che diventino abbrustoliti e morbidi.
Frullare la zuppa di lenticchie facendola diventare vellutata (aggiungere poca acqua se necessario). Servire un mestolo di vellutata di lenticchie in un piatto fondo con il calamaro sopra.

# ZUPPETTA DI PASSATELLI CON VONGOLE E CECI

Portata: *primo*
Tempo di preparazione: *35 minuti*

*Ingredienti per 4 persone*
- *500 g di vongole*
- *1 spicchio di aglio*
- *½ bicchiere di vino bianco*
- *prezzemolo qb*
- *250 g di ceci precotti*
- *olio extravergine*
- *sale*

*Per i passatelli:*
- *80 g di pangrattato*
- *120 g di parmigiano grattugiato*
- *la scorza di 1 limone non trattato*
- *1 cucchiaio di farina*
- *2 uova*

*Per completare:*
- *prezzemolo qb*
- *pepe*

**Da quando ho conosciuto la Romagna, non posso più fare a meno dei passatelli. Oltre alla classica versione con il brodo, bisogna assolutamente provarli con il pesce! Grazie a Cristina Pistocchi per la sua infallibile ricetta.**

Cuocere le vongole in padella con l'olio e l'aglio. Sfumare con il vino, mettere il coperchio e aspettare che si aprano. Aggiungere il prezzemolo, i ceci e un pizzico di sale. Lasciare cuocere le vongole ancora per qualche minuto, poi sgusciarne una parte.

Per i passatelli: in una ciotola mescolare il pangrattato con il parmigiano, la scorza di limone e la farina. Unire le uova e impastare formando una palla. Confezionare i passatelli passando la palla di impasto attraverso lo schiacciapatate a fori grossi direttamente nell'acqua a bollore, tagliando i passatelli con il coltello man mano. Quando salgono in superficie, scolarli con la schiumarola e ripassarli in padella con le vongole e i ceci. Completare con il prezzemolo tritato e il pepe.

# FRISELLA DI MARE

Portata: *antipasto*
Tempo di preparazione:
*25 minuti*

Ingredienti per 2 persone
- *1 cipolla rossa*
- *1 costa di sedano*
- *5-6 pomodorini*
- *200 g di coda di rospo*
- *2 friselle*
- *aceto qb*
- *basilico qb*
- *olio extravergine*
- *sale e pepe*

**Che buone le friselle! Sta al vostro gusto bagnarle tanto o poco, in modo da lasciarle croccanti oppure renderle morbide.**

Tagliare ad anelli la cipolla e farla rosolare in padella con l'olio. Affettare anche il sedano e tagliare a metà i pomodorini. Tagliare a tocchetti la coda di rospo e sbollentarla per pochissimi minuti in acqua salata, poi scolarla e aggiungerla al soffritto con i pomodorini e il sedano. Salare e fare rosolare per 2 minuti, giusto il tempo di insaporire tutti gli ingredienti, senza però cuocerli troppo.
Riempire una ciotola con l'acqua fredda e unire 2 cucchiai di aceto. Immergere velocemente le friselle, poi sistemarle in un piatto e ricoprirle con la coda di rospo. Completare con il pepe e qualche foglia di basilico.

# INVOLTINI DI PESCE SPADA

Portata: *secondo*
Tempo di preparazione:
*45 minuti*

*Ingredienti per 4 persone*
- *1 trancio di pesce spada
  (200 g)*
- *1 spicchio di aglio*
- *4 cucchiai di pangrattato*
- *2 cucchiai di uvetta*
- *2 cucchiai di pinoli*
- *4 cucchiai di parmigiano
  grattugiato*
- *320 g di carpaccio di pesce
  spada*
- *1 cipolla*
- *alloro qb*
- *olio extravergine*
- *sale*

*Per completare:*
- *pangrattato qb*
- *olio extravergine*
- *sale*

**Gli involtini di pesce spada, con quel gusto leggermente dolce e la crosta croccante di pangrattato, sono una delizia assoluta. Ci vuole un po' di manualità nel confezionarli, ma i vostri sforzi verranno premiati dal gusto!**

Tagliare a dadini piccoli il trancio di pesce spada e rosolarlo in padella con l'aglio e l'olio.

Aggiungere il pangrattato, le uvette e i pinoli e continuare a rosolare in modo che il pangrattato si tosti e si insaporisca. Fare intiepidire per 5 minuti e unire il parmigiano e un pizzico di sale. Prendere un pochino di composto, schiacciarlo tra le mani in modo da formare una pallina e usarlo come farcia per confezionare gli involtini con le fettine di carpaccio. Infilzare gli involtini sullo stecchino di legno alternandoli con un petalo di cipolla e una foglia di alloro.

Bagnare gli spiedini con l'olio, ripassarli nel pangrattato e cuocerli in padella con un filo di olio a fuoco dolce fino a che non sono dorati. Girarli delicatamente a metà cottura. Completare con un pizzico di sale.

Si possono cuocere anche in forno ventilato, irrorati di olio, a 200 °C per 5-10 minuti, fino a doratura.

# PAPPA AL POMODORO
# CON SAUTÉ DI VONGOLE

Portata: *primo*
Tempo di preparazione:
*40 minuti*

Ingredienti per 2 persone
- *400 g di vongole*
- *2 spicchi di aglio*
- *½ bicchiere di vino bianco*
- *500 g di pomodori*
- *2 fette di pane*
  *di tipo toscano*
- *peperoncino qb*
- *basilico qb*
- *olio extravergine*
- *sale*

**Ho assaggiato questo piatto in un bellissimo ristorante di Milano e me ne sono innamorata. Ho provato a replicarlo e devo dire che sono molto soddisfatta del risultato!**

Cuocere a fuoco vivace le vongole in padella con l'olio e uno spicchio di aglio, sfumare con il vino, coprire con il coperchio e fare aprire le vongole. Sgusciarne la maggior parte lasciandone solo una decina con il guscio. Immergere i pomodori in una pentola piena di acqua a bollore per un minuto circa, scolarli e privarli della buccia.
In un'altra padella, mettere a cuocere i pomodori sbucciati e tagliati a pezzettoni con l'altro spicchio di aglio. Dopo qualche minuto, quando i pomodori incominciano a sfaldarsi, aggiungere la mollica di pane e un po' di acqua delle vongole, il sale e un pizzico di peperoncino. Lasciare cuocere sul fuoco, mescolando sempre in modo da far sciogliere il pane e ottenere la consistenza di una zuppa densa. Unire le vongole, con e senza guscio. Completare con il basilico.

# COCOTTES DI FRAGOLE, ALBICOCCHE E MERINGA

Portata: *dolce*
Tempo di preparazione:
*30 minuti*

Ingredienti per 4 persone
Per la crema all'albicocca:
- 400 g di albicocche
- 2 cucchiai di zucchero

Per le fragole:
- 10 fragole
- 1–2 lime non trattati
- 1 cucchiaio di zucchero

Per la meringa:
- 2 albumi
- 2 cucchiai di zucchero
- sale

**Il dessert perfetto dell'estate. Se volete preparare questo piatto d'inverno, usate le albicocche sciroppate.**

Per la crema all'albicocca: snocciolare le albicocche e frullare la polpa insieme allo zucchero con il frullatore a immersione.

Tagliare a cubetti le fragole e condirle con il succo e la scorza del lime e lo zucchero.

Per la meringa: montare a neve gli albumi con un pizzico di sale e lo zucchero fino a che non sono ben fermi e lucidi.

Versare nelle cocotte (vasetti che vanno in forno) la crema all'albicocca, le fragole e infine una bella cucchiaiata di albume montato. Ripassare in forno sotto al grill per un paio di minuti, fino a quando la meringa non incomincia a dorarsi.

# TORTA DI RICOTTA E RIBES

Portata: *dolce*
Tempo di preparazione:
*1 ora*

*Ingredienti per 8 persone*
- *3 uova*
- *210 g di zucchero*
- *250 g di ricotta*
- *la scorza di 1 limone*
  *non trattato*
- *160 g di farina integrale*
  *+ qb per i ribes*
- *1 bustina di lievito per dolci*
- *100 g di mandorle*
- *120 g di ribes*

**Perfetta per le pigre colazioni delle vacanze estive.**

Dividere i tuorli dagli albumi. Sbattere in una ciotola i tuorli con lo zucchero, aggiungere la ricotta e la scorza di limone grattugiata. Aggiungere quindi la farina, il lievito, le mandorle tritate e gli albumi montati a neve, mescolando delicatamente dal basso verso l'alto per non smontare l'impasto. Infarinare leggermente i ribes e aggiungerli al composto. Versare il tutto nella tortiera imburrata e infarinata. Cuocere a 180 °C per 45 minuti circa.

# PENNETTE GIALLE
# ALLE TRIGLIE

Portata: *primo*
Tempo di preparazione:
*30 minuti*

*Ingredienti per 4 persone*
- *200 g di filetti di triglie*
- *1 bustina di zafferano*
- *1 scalogno*
- *10-15 pomodorini*
- *peperoncino qb*
- *½ bicchiere di vino bianco*
- *350 g di penne*
- *50 ml di olio extravergine*
- *sale*

**L'unico inconveniente con le triglie... sono le lische! Armatevi di pazienza e di pinzette.**

Con delle pinzette controllare i filetti di triglia togliendo le eventuali lische rimaste. In un bicchiere versare l'olio, unire lo zafferano e mescolare. Mettere le triglie in un piatto, irrorarle con l'olio aromatizzato e lasciare marinare. Affettare uno scalogno. Scaldare una padella, metterci le triglie con tutta la marinata e lo scalogno e fare rosolare per qualche minuto. Rigirare le triglie, se si rompono va bene lo stesso. Aggiungere i pomodorini tagliati a metà, il sale e un pizzico di peperoncino. Sfumare con il vino. Lessare le penne. Scolare la pasta e ripassarla in padella con le triglie.

# POLLO IN AGRODOLCE

Portata: *secondo*
Tempo di preparazione:
*25 minuti*

Ingredienti per 4 persone
- *1 cipolla*
- *2-3 fette di ananas*
- *½ peperone rosso*
- *1 petto di pollo*
- *farina qb*
- *250 g di riso basmati*
- *olio extravergine*
- *sale*

Per la salsa:
- *5 cucchiai di ketchup*
- *10 cucchiai rasi di zucchero
  di canna*
- *4 cucchiai di salsa di soia*
- *3 cucchiai di aceto*
- *2 cucchiai di salsa
  Worcester*

**Un piatto facile che di solito mette d'accordo tutta la famiglia. Vi stupirete di quanto viene buono!**

Affettare ad anelli la cipolla, ridurre le fette di ananas a pezzettini, tagliare a pezzetti anche il peperone. Rosolare tutto in padella con un po' di olio. Intanto tagliare il pollo a cubetti piccoli, infarinarlo abbondantemente e aggiungerlo al soffritto. Salare e lasciare rosolare.
Per la salsa, mescolare in una ciotola il ketchup con lo zucchero di canna, la salsa di soia, l'aceto e la salsa Worcester. A metà cottura del pollo aggiungere la salsa, diluire con circa mezzo bicchiere di acqua e completare la cottura facendo restringere un po' il liquido.
Servire accompagnando con il riso basmati bollito.

# CHOCOLATE CHIPS COOKIES

Portata: *dolce*
Tempo di preparazione:
*30 minuti*

*Ingredienti per 8 persone*
- *200 g di cioccolato fondente
  in pezzi (oppure gocce
  di cioccolato)*
- *50 g di zucchero semolato*
- *150 g di zucchero di canna*
- *400 g di farina*
- *180 g di burro*
- *5 g di bicarbonato di sodio*
- *1 cucchiaino di vanillina*
- *2 uova*
- *sale*

**Fabio li preferisce morbidi e spessi, Eleonora li vuole sottili e croccanti. Dipende tutto dalla forma che gli date!**

Ridurre in scaglie il cioccolato fondente. Impastare in una ciotola i due tipi di zucchero con la farina, il burro, un cucchiaino di sale, il bicarbonato e la vanillina. Si può mettere il tutto anche nel vaso del mixer. Quando si ottiene un composto sabbioso aggiungere le uova e impastare ancora velocemente o azionare nuovamente le lame del mixer fino a ottenere un panetto di impasto. Aggiungere anche il cioccolato e incorporarlo.
Foderare una placca con la carta forno. Fare delle palline di impasto e schiacciarle leggermente sulla placca, distanziandole bene tra loro. Cuocere in forno per circa 10 minuti a 180 °C.

# TACCHINO CON SALSA TONNATA

Portata: *secondo*
Tempo di preparazione:
*1 ora e 10 minuti*
*+ il raffreddamento*

Ingredienti per 4 persone
- *700 g di petto di tacchino*
- *1 cipolla*
- *erbe aromatiche a piacere*
- *200 g di tonno sott'olio sgocciolato*
- *280 g di yogurt greco*
- *15-20 capperi*
- *sale grosso*

**Questo è un piatto furbissimo. Molto semplice e super-light, perfetto per la stagione estiva e per la prova costume!**

Lessare il tacchino in acqua bollente salata con una cipolla e un po' di odori a piacere. Una volta cotto (non ci dovrebbe volere più di un'ora), lasciarlo raffreddare e tagliarlo a fette abbastanza sottili con un coltello ben affilato.
Frullare il tonno con lo yogurt e i capperi, tenendone qualcuno da parte per la decorazione, in modo da ottenere la salsa tonnata. Sistemare le fette di tacchino su un piatto da portata, ricoprire di salsa e, se il tacchino è molto, procedere con un altro strato di carne e altra salsa. Completare con i capperi tenuti da parte. Conservare in frigo.

# FISH BURGER

Portata: *piatto unico*
Tempo di preparazione:
*20 minuti*

*Ingredienti per 2 persone*
- *500 g di merluzzo*
  *spellato e deliscato*
- *2 patate lesse*
- *1 cucchiaino di senape*
- *pangrattato qb*
- *2 tuorli*
- *2 panini da burger*
- *olio extravergine*
- *sale e pepe*

*Per la salsa:*
- *6 cucchiai di maionese*
- *12 cetriolini sott'aceto*
- *6 capperi*
- *il succo di 1 limone*

**Per variare un po' dal solito hamburger, ecco una versione più raffinata e speziata.**

Lessare il merluzzo in acqua bollente salata per 10 minuti. Quindi scolarlo e sbriciolarlo con la forchetta, schiacciare anche le patate e mescolarli in modo da creare un composto più o meno omogeneo. Aggiungere la senape, un po' di pangrattato, i tuorli e il pepe. Modellare con le mani i fish burger così ottenuti (io ho usato dei coppapasta quadrati). Impanarli nel pangrattato e cuocerli in una padella con l'olio fino a che non diventano croccanti e dorati, quindi salare.

Per la salsa: frullare la maionese con i cetriolini, i capperi e il succo di limone. Servire i fish burger nei panini, accompagnati con la salsa.

# VOL-AU-VENT LAMPONI E NUTELLA

Portata: *dolce*
Tempo di preparazione:
*15 minuti*

*Ingredienti per 4 persone*
- *1 rotolo di pasta sfoglia*
- *1 uovo*
- *Nutella qb*
- *1 cestino di lamponi*
- *1 cucchiaio di zucchero*

**Non esiste dolce più facile di questo. Ideale da servire col caffè.**

Srotolare la pasta sfoglia, ritagliare con una formina da biscotti tanti cuoricini e posizionarli sulla placca del forno foderata di carta forno. All'interno di ogni cuoricino imprimere la formina di un cuoricino più piccolo, senza però tirare via l'impasto. Se non avete la forma a cuore più piccola, va bene anche un cerchietto, tipo un ditale. Spennellare con l'uovo sbattuto. All'interno del cuoricino più piccolo mettere un cucchiaino di Nutella e un lampone. Spolverizzare con lo zucchero. Cuocere in forno per 5-10 minuti a 180 °C e servire.

# GRICIA DI RICOTTA

Portata: *primo*
Tempo di preparazione:
*20 minuti*

Ingredienti per 4 persone
- *250 g di guanciale*
- *350 g di mezze maniche integrali*
- *100 g di ricotta*
- *pecorino grattugiato qb*
- *pepe in grani*
- *sale*

**Ho mangiato questa pasta strepitosa durante una gita fuori porta a Roma. Se usate la ricotta di pecora, è ancora meglio.**

Rosolare il guanciale tagliato a pezzetti in padella senza l'olio fino a che non è ben croccante e ha rilasciato tutto il suo grasso. Nel frattempo cuocere la pasta.
A fuoco spento aggiungere in padella con il guanciale la ricotta e un po' di acqua di cottura della pasta in modo da creare una crema. Scolare la pasta e mescolarla in padella alla crema. Unire il pecorino e una macinata di pepe e mescolare ancora fino a che il formaggio non è ben mantecato.

# CESTINI DELLA PASSIONE

Portata: *dolce*
Tempo di preparazione:
*30 minuti + il raffreddamento*

*Ingredienti per 8-10 persone*
- *1 rotolo di pasta fillo
  (10 fogli)*
- *burro qb*
- *200 g di cioccolato bianco*
- *latte qb*
- *500 g di ricotta*
- *8 frutti della passione*

**Durante l'estate, servire una torta a fine cena è un po' troppo pesante. Provate con questi cestini, golosissimi ma leggeri.**

Spennellare la pasta fillo con il burro fuso. Ritagliare ciascun foglio di pasta fillo in 4 quadrati (si possono tagliare tutti i fogli insieme, sovrapposti). Imburrare 10 pirottini e rivestirli con la pasta fillo tagliata, sovrapponendo 4 quadrati per ognuno e spennellando il burro fra uno strato e l'altro. Infornare i cestini a 180 °C per circa 7 minuti.
Sciogliere in un pentolino il cioccolato bianco tagliato a pezzetti con qualche cucchiaio di latte. Mescolare in una ciotola la ricotta con la polpa del frutto della passione e poi incorporare il cioccolato bianco fuso. Togliere i cestini dal forno. Farli raffreddare, riempirli di crema e servirli.

# PASTA ALLA PROCIDA

Portata: *primo*
Tempo di preparazione:
*1 ora + il raffreddamento*

Ingredienti per 4 persone
- *1 polpo (800 g circa)*
- *1 spicchio di aglio*
- *peperoncino qb*
- *8 pomodorini*
- *350 g di penne*
- *prezzemolo qb*
- *olio extravergine*
- *sale*

**Tutto il sapore del mare in una pastasciutta!**

Immergere il polpo in acqua a bollore e lasciarlo cuocere per circa 40 minuti. Spegnere il fuoco e fare raffreddare il polpo nella sua acqua.

In una padella rosolare l'aglio con l'olio e il peperoncino. Tirare fuori il polpo dall'acqua (senza buttarla via), tagliare a pezzetti i tentacoli e rosolarli insieme al soffritto a fuoco vivace. Sfumare con un po' di acqua di cottura del polpo, aggiungere i pomodorini tagliati a metà e un po' di sale. Riportare a bollore l'acqua del polpo e lessarci le penne. Scolarle e saltare in padella con il sugo. Completare con il prezzemolo tritato.

# FOCACCIA SQUACQUERONE E PROSCIUTTO COTTO

Portata: *piatto unico*
Tempo di preparazione:
*1 ora e 30 minuti*

Ingredienti per 4 persone
- *500 g di farina*
- *½ cucchiaio di zucchero*
- *1 cubetto di lievito di birra fresco (oppure 1 bustina di lievito di birra disidratato)*
- *100 g di prosciutto cotto*
- *280 g di squacquerone*
- *olio extravergine*
- *sale*

**Adoro fare la focaccia, poi a seconda di quello che ho nel frigo la farcisco!**

Raccogliere la farina in una ciotola, unire un cucchiaio raso di sale e lo zucchero. Se si usa il lievito disidratato mettere anche quello, altrimenti intiepidire 300-400 ml di acqua e sciogliervi dentro il cubetto di lievito fresco. Unire l'acqua tiepida alla farina incominciando a mescolare con un cucchiaio per poi passare a impastare con le mani. Dosare la quantità di acqua in modo da ottenere un panetto della consistenza omogenea morbida e un po' appiccicosa. Se l'impasto risultasse troppo morbido, aggiungere farina. Lavorare il panetto di impasto per circa 10 minuti, poi lasciarlo lievitare coperto per almeno 40 minuti, meglio un'ora.

Foderare una placca con la carta forno e stenderci l'impasto allargandolo delicatamente con le mani e facendo pressione con i polpastrelli. Una volta steso l'impasto lasciarlo riposare ancora per 15 minuti, ma se non c'è tempo, procedere subito con la farcitura. Irrorare con qualche cucchiaio di olio, unire qualche altro cucchiaio di acqua, salare abbondantemente e distribuire questo condimento con le mani su tutta la focaccia. Infornare a 200 °C per circa 7 minuti, poi estrarre la focaccia, farcirla con cucchiaiate di formaggio e pezzi di prosciutto e farla cuocere per altri 7-10 minuti.

# PEPERONI CON SALSA DI ACCIUGA

Portata: *contorno*
Tempo di preparazione:
*45 minuti + il raffreddamento*

Ingredienti per 4 persone
- *2 peperoni rossi*
- *2 peperoni gialli*
- *5 acciughe sott'olio*
- *50 ml circa di olio
  extravergine*
- *aglio (facoltativo)*
- *prezzemolo qb*

I peperoni con la bagna cauda sono un vero classico. Questa rivisitazione in chiave superleggera mantiene comunque tutto il suo gusto. Io li abbino a una bella mozzarella fior di latte.

Mettere i peperoni interi nel forno a 180 °C per circa 20-30 minuti. Dovranno essere ben abbrustoliti e morbidi, quindi spegnere il forno e lasciarli dentro a raffreddare. Quando sono freddi tagliarli a falde e sbucciarli: sarà facilissimo. Metterli in un piatto dai bordi alti. A parte frullare le acciughe con l'olio e, se gradito, un po' di aglio. Versare la salsa sui peperoni, aggiungere il prezzemolo e servire.

# GAZPACHO ALLO YOGURT

Portata: *primo*
Tempo di preparazione:
*20 minuti + il raffreddamento*

Ingredienti per 4 persone
- *500 g di pomodori*
- *1 costa di sedano*
- *erba cipollina qb*
- *1 cetriolo*
- *½ peperone*
- *2 rametti di finocchietto*
- *peperoncino qb*
- *1 cipollotto*
- *1 spicchio di aglio*
- *2 fette di pane casereccio*
- *2 cucchiai di yogurt bianco*
- *aceto qb*
- *sale*

**Più estivo di così...**

In un mixer frullare i pomodori con il sedano, l'erba cipollina, il cetriolo, il peperone, il finocchietto, il peperoncino, il sale, il cipollotto e l'aglio.
Riempire una ciotola con acqua e aceto. Io ne metto circa
un cucchiaio, ma dovete regolarvi a seconda del vostro
gusto. Bagnare la mollica di pane con acqua e aceto e aggiungerla al gazpacho. Completare con lo yogurt e frullare ancora. Tenere in frigo fino al momento di servire.

# RISOTTO ALLE VONGOLE

Portata: *primo*
Tempo di preparazione:
*1 ora*

*Ingredienti per 4 persone*
- *1 kg di vongole*
- *1 spicchio di aglio*
- *1 scalogno*
- *350 g di riso*
- *1 bicchiere di vino bianco*
- *prezzemolo qb*
- *1 cucchiaino di pesto*
- *olio extravergine*
- *sale*

**Una squisita alternativa per chi non può mangiare la pasta perché intollerante al glutine.**

Mettere a bagno le vongole in una ciotola con acqua e sale e lasciarle per una mezz'oretta a spurgare. In una padella rosolare leggermente l'aglio con l'olio, scolare le vongole e metterle in padella, coprire con il coperchio e cuocere fino a che non sono tutte aperte. Farle intiepidire. Sgusciare quasi tutte le vongole tranne una manciata e tenere da parte.

Filtrare l'acqua di cottura delle vongole. Metterla in un pentolino, aggiungere circa mezzo litro di acqua in modo da raddoppiare il volume, portare a bollore e spegnere. Affettare lo scalogno, rosolarlo con l'olio in un altro tegame, aggiungere il riso, tostarlo, salarlo e poi sfumare con il vino. Proseguire la cottura del risotto bagnando con l'acqua delle vongole. Prima che sia completamente cotto aggiungere le vongole, il pesto e mantecare con altra acqua di cottura delle vongole. Completare con il prezzemolo tritato.

# CROSTATA AI FRUTTI
# DI BOSCO DI ROBI

Portata: *dolce*
Tempo di preparazione:
*50 minuti + il raffreddamento*

Ingredienti per 6-8 persone
- 1 rotolo di pasta frolla
  pronta oppure:

Per la pasta frolla:
- 250 g di farina
- 125 g di zucchero
- 125 g di burro
- 1 uovo
- sale

Per la crema pasticciera:
- 4 tuorli
- 100 g di zucchero
- 50 g di farina
- 500 ml di latte
- 1 bustina di vanillina
- 250 g di ricotta

Per completare:
- 1 cestino di lamponi
- 1 cestino di more
- 1 cestino di mirtilli
- 1 cestino di ribes

Ogni anno mio fratello organizza la sua festa di compleanno in campagna: lui pensa alla griglia, io penso ai dolci. Questa crostata ha avuto un grande successo, con la crema pasticciera arricchita con la ricotta, che è più leggera e compatta. Una bella idea che mi è stata suggerita dalla chef Anna Brambilla.

Stendere la pasta frolla già pronta sulla tortiera imburrata, oppure procedere in questo modo per prepararla: unire in una ciotola la farina, un pizzico di sale, lo zucchero e il burro freddo tagliato a pezzettini. Impastare con le mani fino a ottenere un composto sbricioloso. A questo punto aggiungere l'uovo e impastare ancora velocemente fino a ottenere un panetto di frolla liscio e omogeneo. Questa operazione si può anche fare dentro un mixer o una planetaria invece che a mano, seguendo lo stesso procedimento. Stendere la frolla tra 2 fogli di carta forno e metterla nella tortiera, bucherellarla con una forchetta, coprirla di carta forno e riempirla di legumi secchi. Cuocere in forno a 180 °C per 20-25 minuti, togliendo la carta e i legumi negli ultimi 10.
Per la crema pasticciera: sbattere direttamente nel pentolino che andrà sul fuoco i tuorli con lo zucchero e la farina, aggiungere poco per volta il latte caldo con la vanillina (ma se non avete voglia di scaldarlo andrà bene lo stesso, ci vorrà solo un po' più di tempo per fare la crema), mettere sul fuoco e portare dolcemente a bollore continuando a mescolare. Appena la crema è arrivata a bollore e quindi si è addensata spegnere e lasciare intiepidire. Mescolare allora con la ricotta, usando una frusta a mano, fino a ottenere una crema liscissima. Versare il composto nel guscio di frolla e prima di servire completare con i frutti di bosco.

# RINGRAZIAMENTI

*Prima di tutto, grazie ai miei figli: a Eleonora che mi ha regalato il titolo di questo libro e tante ricette meravigliose, a Matilde che ha scritto a mano un ricettario fantastico fatto apposta per me, a Dieghino che è un assaggiatore eccezionale!*

*Ma la riuscita di un libro è sempre merito di tante persone.*

*Grazie allora a Giacomo Paulato e Lorenzo Boni che mi supportano in tv e mi ispirano nella stesura dei miei libri.*

*Grazie al lavoro prezioso di Francesca Di Maio senza la quale avrei perso metà delle mie ricette!*

*Grazie alla squadra di Rizzoli: Marina Mercuriali e Rossella Biancardi con cui lavorare diventa sempre di più anche un divertimento... Specialmente quando si scattano le foto di ferragosto al mare!*

*Grazie a Lorenzo De Simone che ha scattato tutte le foto di famiglia regalandomi splendidi ricordi da sfogliare.*

*Grazie a Manuela Suma che non sbaglia un outfit.*

*Grazie al mio fenomenale ufficio stampa Giusi Battaglia e alla mia agenzia, Marco Miana, Cecilia Mugnaini e Mariangela Pitturru, capitanati da Luisa Pistoia. Tutti loro non sono solo le persone con cui condivido il mio lavoro, sono anche amici... E questa è la cosa più speciale di questo libro.*

# INDICE DELLE PORTATE

# INDICE DEGLI INGREDIENTI

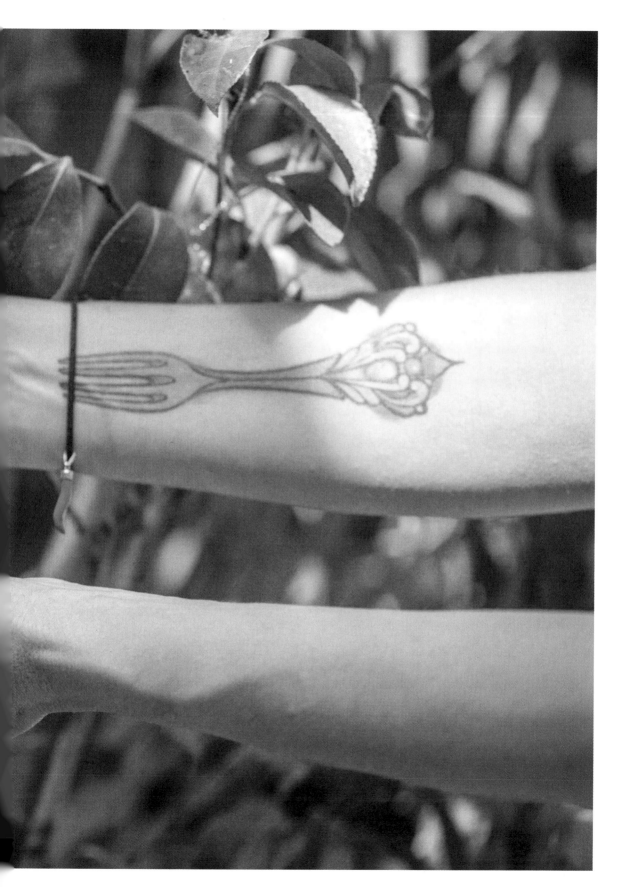

# CREDITI FOTOGRAFICI

Finito di stampare nel marzo 2018 presso
Errestampa - Orio al Serio (BG)
Printed in Italy